Rendido
Totalmente

UN LLAMADO A LA CONSAGRACIÓN Y LA SANTIDAD
DE LA VIDA DIARIA A TRAVÉS DE LAS SIETE ZAMBULLIDAS
DE NAAMÁN.

CLAUDIO FREIDZON

La misión de Editorial Vida es ser la compañía líder en comunicación cristiana que satisfaga las necesidades de las personas, con recursos cuyo contenido glorifique a Jesucristo y promueva principios bíblicos.

RENDIDO TOTALMENTE
Edición en español publicada por
Editorial Vida – 2006
Miami, Florida

Edición: *Carolina Galán*
Diseño interior: *Eugenia Chinchilla*
Diseño de cubierta: *Cathy Spee*

ISBN: 978-0-8297-4873-4

CATEGORÍA: *Vida cristiana / General*

CONTENIDO

Naamán, general del ejército del rey de Siria, era varón grande delante de su señor, y lo tenía en alta estima, porque por medio de él había dado Jehová salvación a Siria. Era este hombre valeroso en extremo, pero leproso. Y de Siria habían salido bandas armadas, y habían llevado cautiva de la tierra de Israel a una muchacha, la cual servía a la mujer de Naamán. Esta dijo a su señora: Si rogase mi señor al profeta que está en Samaria, él lo sanaría de su lepra. Entrando Naamán a su señor, le relató diciendo: Así y así ha dicho una muchacha que es de la tierra de Israel. Y le dijo el rey de Siria: Anda, ve, y yo enviaré cartas al rey de Israel.

Salió, pues, él, llevando consigo diez talentos de plata, y seis mil piezas de oro, y diez mudas de vestidos. Tomó también cartas para el rey de Israel, que decían así: Cuando lleguen a ti estas cartas, sabe por ellas que yo envío a ti mi siervo Naamán, para que lo sanes de su lepra.

Luego que el rey de Israel leyó las cartas, rasgó sus vestidos, y dijo: ¿Soy yo Dios, que mate y dé vida, para que éste envíe a mí a que sane un hombre de su lepra? Considerad ahora, y ved cómo busca ocasión contra mí.

Cuando Eliseo el varón de Dios oyó que el rey de Israel había rasgado sus vestidos, envió a decir al rey: ¿Por qué has rasgado tus vestidos? Venga ahora a mí, y sabrá que hay profeta en Israel. Y vino Naamán con sus caballos y con su carro, y se paró a las puertas de la casa de Eliseo. Entonces Eliseo le envió un mensajero, diciendo: Ve y lávate siete veces en el Jordán, y tu carne se te restaurará, y serás limpio.

Y Naamán se fue enojado, diciendo: He aquí yo decía para mí: Saldrá él luego, y estando en pie invocará el nombre de Jehová su Dios, y alzará su mano y tocará el lugar, y sanará la lepra. Abana y Farfar, ríos de Damasco, ¿no son mejores que todas las aguas de Israel? Si me lavare en ellos, ¿no seré también limpio? Y se volvió, y se fue enojado. Mas sus criados se le acercaron y le hablaron diciendo: Padre mío, si el profeta te mandara alguna gran cosa, ¿no la harías? ¿Cuánto más, diciéndote: Lávate, y serás limpio?

El entonces descendió, y se zambulló siete veces en el Jordán, conforme a la palabra del varón de Dios; y su carne se volvió como la carne de un niño, y quedó limpio.

Y volvió al varón de Dios, él y toda su compañía, y se puso delante de él, y dijo: He aquí ahora conozco que no hay Dios en toda la tierra, sino en Israel. Te ruego que recibas algún presente de tu siervo.

DEDICATORIA

AL SEÑOR JESUCRISTO

por su inmenso amor y gracia redentora,
que ha llegado a rescatar nuestras vidas justo a tiempo.
Es él quien sana nuestras heridas, y nos restaura
y levanta
de todo fracaso y dolor.

A BETTY, DANIELA SEBASTIÁN Y EZEQUIEL

Como familia son un tesoro especial, un verdadero regalo de Dios, y yo los amo con todo mi corazón. Ustedes siempre me han acompañado y apoyado incondicionalmente.

A LA IGLESIA REY DE REYES

Un pueblo maravilloso, una gran familia, que trabaja y
sirve al Señor con gozo y alegría.
Sus propias vidas, sus testimonios, su hambre y sed del
Espíritu Santo son olor grato, un delicado perfume en la
presencia de nuestro Dios.

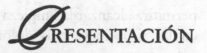

PRESENTACIÓN

En estos últimos años hemos sido testigos de una época de cambios como pocas veces se ha visto en la historia de la humanidad. Los acontecimientos políticos y sociales ocurridos en esta última década han dejado huellas imborrables. La sociedad moderna ha entrado en una profunda crisis de valores y principios.

Los problemas económicos por los que muchos han tenido que atravesar, las dificultades relacionales entre padres e hijos, esposa y esposo, la salud y las presiones, han generado desaliento en muchos. El camino hacia la victoria se ha hecho para muchos arduo y dificultoso.

Los valores perdurables como el amor, la justicia, la paz, el respeto, la bondad, la libertad, se han visto avasallados por un mundo cada vez más egoísta y sumido en el supuesto «éxito» del materialismo.

Debido a las circunstancias actuales que atraviesa la humanidad, los cristianos —y aun muchas iglesias— se han visto obligados a enfrentar situaciones que exigen un alto grado de madurez y crecimiento.

Nuestra conducta, actos y actitudes, pensamiento y corazón, están permanentemente expuestos a un mundo de pecado y dolor.

Este libro es un llamado a un profundo examen interior, en el que a través de las palabras y enseñanzas vivas y desafiantes del pastor Claudio Freidzon te verás desafiado a darle lugar a la palabra de Dios en tu vida de una forma práctica y sencilla, llevándote a tomar decisiones, a realizar cambios y a experimentar el poder del Espíritu Santo, que te permitirá alcanzar la limpieza y sanidad de tu alma, incluso en las situaciones más dolorosas que hayas tenido que enfrentar.

Con la guía del Señor encontrarás que se abordan temas muy importantes relacionados con el carácter, la conducta y el temperamento humano. ¿Quién de nosotros no ha tenido que enfrentar debilidades y tentaciones?

A través de la lectura de las páginas de este libro encontrarás un mensaje desafiante, de fe y esperanza, claro y directo, que te impulsará a esforzarte para alcanzar las promesas de Dios.

Con valentía, se abordan aspectos que involucran la vida del cristiano en conductas íntimas en las que Dios nos llama al cambio.

¡Atrévete a enfrentar tus debilidades!; sumérgete junto a Naamán en esta experiencia única de estar *Rendido totalmente*.

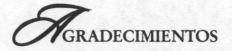

AGRADECIMIENTOS

A cada hermano de la iglesia Rey de Reyes. Dios me ha dado un gran privilegio al poder compartir con todos ustedes tiempos maravillosos y experimentar que a través de tantas batallas y victorias, la visión que él nos ha dado se va cumpliendo en cada uno de ustedes.

A Gerardo y Susana Frühwirth, quienes con su apoyo e infatigable colaboración no han escatimado esfuerzo alguno, y han hecho lo mejor para el Señor, posibilitando este proyecto, y a todos aquellos que han logrado que este nuevo libro sea una realidad, un sueño de Dios cumplido.

A cada uno de los hermanos que integran el cuerpo ministerial de la Iglesia Rey de Reyes, gracias por su apoyo, esfuerzo y amor, expresado día a día a través de su fidelidad y servicio en la obra de Dios.

A ti mi Señor, te alabaré y adoraré eternamente por tu gran amor y misericordia.

PRÓLOGO

Lector, estás a punto de comenzar un peregrinaje que va a transformarte. No estás leyendo un tratado teórico, sino los pasos prácticos para una santificación cotidiana, pasos a tu medida, que tú también puedes aplicar. Quizás hayas tenido la misma experiencia que un gran número de creyentes: anhelar la santidad, pero sentir que es un desafío imposible. Inalcanzable. O solo para unos pocos escogidos.

Yo mismo viví muchos años sin poder ir más allá de las primeras zambullidas, sin poder ver la consumación de la obra de Dios en mí. Pero, animado por el pastor Freidzon, me seguí sumergiendo hasta que Dios impartió en mi ser esa pureza que mis propias fuerzas no lograban ni lograrían producir. Es un cambio cualitativo, una metamorfosis. Si tienes la perseverancia de aplicar a tu vida las enseñanzas de cada uno de estos capítulos, vas a ser transformado y limpiado para el servicio de Dios. No por aplicar una fórmula o un método, sino por ir dándole lugar a Dios para que él haga la obra. Pruébalo: hasta los pecados más tercos y los hábitos más vergonzosos serán purificados cuando llegues en tu obediencia hasta la séptima zambullida. *Rendido totalmente* es una experiencia real y está puesta a tu alcance.

Estas enseñanzas fueron escritas como un tratado, como la guía de un pastor para conducir a su congregación hacia la santidad. Y la vida y testimonio de integridad del mensajero respaldan su mensaje, tan fuerte, pero tan urgentemente necesario para nuestra generación. En este clima de un cristianismo auténtico funcionan la gente de Rey de Reyes y sus pastores, Claudio y Betty Freidzon. Esta es la santidad que muchos anhelan pero pocos alcanzan.

Deseo que tu vida reciba el mismo impacto que la mía, que fue irreversiblemente marcada por el testimonio y las enseñanzas del Pastor Claudio Freidzon. Él habla con labios que fueron tocados con carbones encendidos del altar. *Rendido totalmente* tiene autoridad espiritual y persuade por medio de la Palabra divina.

Quiera Dios usar este libro para que toda su Iglesia se zambulla y sea sanada, y tenga vestiduras blancas, sin mancha ni arruga. Confío en que esta será otra herramienta eficaz de Dios para prepararnos para el avivamiento mundial.

Rdo. Sergio Scataglini,
autor de *El fuego de su santidad*

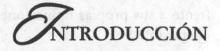

INTRODUCCIÓN

Todo hombre y mujer tienen la imperiosa necesidad de encontrarse con Dios. Nosotros, como seres humanos, fuimos creados a imagen y semejanza de Dios. Esto implica que no solo somos seres físicos y emocionales, sino también espirituales. El problema de muchos es que no hallan la forma de colmar el vacío de su interior, ese espacio que no logran llenar ni los placeres, ni el dinero, ni la fama, ni el poder ni el «éxito». Allí es donde comienza la búsqueda de muchos, que como tú y yo, en algún momento hemos descubierto que solo Dios puede llenar dicho vacío.

No son pocas las veces en que las circunstancias vitales, problemas, crisis, adversidades, falta de paz, etc., nos empujan a una búsqueda más intensa y comprometida de su presencia. En la Argentina se utiliza una frase muy común que describe este hecho en cierta forma: «Somos hijos del rigor».

¿Qué intentamos decir con ello?

¿Quién de nosotros no ha tenido que enfrentar en algún momento alguna circunstancia difícil y adversa?

Seguramente la respuesta es obvia: «¡Ninguno!»

Pero, lamentablemente, hasta ese momento, muchos no comienzan a reflexionar y a buscar la salida: «¿Será que hay un Dios que puede ayudarme?»

Es tal el amor de Dios hacia nosotros que puede usar cualquier circunstancia o situación para atraernos hacia él.

¿Cuál es tu necesidad? ¿Cuál es la historia de tu vida?

¿Has intentado buscar la respuesta y no has logrado nada, y te va peor?

Muchos lo han intentado todo y han caído derrotados frente a sus propias limitaciones, sus propios fracasos, sus «imposibles».

Algunos se han rendido a las circunstancias y ya no quieren luchar más.

Otros sacan fuerzas de la debilidad y lo siguen intentando.

Esta es la historia de un hombre llamado Naamán. Su historia la encontramos en la Biblia en 2 Reyes, capítulo 5.

Naamán, hombre reconocido, valeroso y sabio, había sabido marcar diferencias ... pero era leproso. Como capitán del ejército de Siria, era un hombre muy exitoso. Aun en su casa, sus vecinos y el pueblo que lo rodeaban daban buen testimonio de él. Sus superiores no podían reprocharle nada, antes bien lo halagaban. Sin embargo, pese al reconocimiento, al éxito aparente, este hombre estaba enfermo y necesitado. Nada de aquello había podido impedir que la enfermedad lo atacara y comenzara lentamente a destruirlo.

Esta era una triste realidad, pero ignorada por muchos.

Muy pocos conocían su problema, antes bien, Naamán trataba de ocultarlo y evitar que se divulgara. Sin embargo, el avance de la lepra cada vez era más evidente, hasta que ya no pudo esconderla más.

¿Cuántas veces nos encontramos frente a esa misma situación?

Quizás no es lepra lo que ocultamos, pero puede tener el mismo efecto destructivo que ella. Situaciones que no deseamos que se sepan, pasiones ocultas, debilidades, tentaciones, pensamientos, hábitos que nos avergüenzan... Deseamos que nadie se entere, que no se sepa ni se divulgue. Pero lo que nos pasa se hace cada vez y más evidente.

Son esas luchas internas secretas las que lentamente nos van desgastando y destruyendo en nuestro interior, así como la lepra destruye el cuerpo físico exterior.

La Biblia pone la lepra como ejemplo, la compara con el poder destructivo del pecado, aquellas cosas que terminan dañándonos y destruyéndonos. Al principio solo es una pequeña mancha en la piel, casi imperceptible. Pero pronto comienza a crecer y aumentar más y más.

Son esas pequeñeces: una palabra áspera, una mirada de más, un gesto fuera de lugar, una copa de más que no se debió haber tomado ... pero de repente comienza a crecer y a avanzar. Esa lepra espiritual trata de destruirnos, de dañarnos.

¿Podemos ser libres de esa enfermedad espiritual?

¡Cuántos cristianos hay, qué quizás en este mismo momento batallan y luchan para que en ciertas áreas secretas de su vida, allí en lo profundo de su corazón, en sus mentes y pensamientos, la lepra no avance!

Naamán era leproso, aunque él no quería serlo. Muy pocos conocían la gravedad de su estado. Quizás en un principio era una batalla personal, íntima, donde nadie más conocía lo que le sucedía.

¿Será esta la situación en la que te encuentras hoy?

¿Hay alguna lucha secreta que libras en este momento?

Pese a sus esfuerzos por ocultar lo que le pasaba, muy pronto aquellos que estaban más cerca de él se darían cuenta de que algo «raro» acontecía, algo estaba mal.

Me imagino el momento en que su esposa se enteró de la noticia. ¡Qué dolor, qué tristeza, qué impotencia, qué frustración!

Cuántos hombres y mujeres han tenido que pasar por la misma experiencia al enterarse de situaciones dolorosas de personas que están a su lado, a las que aman profundamente.

¡Qué dolor cuando nos enteramos de una infidelidad!

¡Qué dolor cuando descubrimos una traición, una estafa, un abuso!

Cuántos han llorado en secreto al ver los efectos destructivos de esa lepra «espiritual» que comienza a avanzar y que a su paso destruye la vida de seres queridos que tanto aman.

Es allí donde, en ocasiones, como una reacción instintiva, tratamos de ocultar el problema para evitar que se divulgue y seamos avergonzados.

Lo escondemos en lo oculto para que los demás no lo vean.

En castellano utilizamos una palabra muy conocida para referirnos a todas aquellas actividades relacionadas con prácticas espirituales ajenas a Dios, que invocan poderes, hechizos, brujerías y hasta abiertamente confiesan el nombre de Satanás como aquel a quien sirven. Esa palabra es «ocultismo», que significa también «prácticas ocultas».

Algunos cristianos creen que lo que hacen o practican en lo «oculto» no les afectará. Por ello yo quisiera que nos preguntásemos: ¿quién reina en lo oculto? ¿Es Dios? Y si no es Dios, ¿a merced de quién se expone la persona que oculta su debilidad? ¿Qué reino es el que se manifiesta, el de la luz o el de las tinieblas?

Ocultar es tapar, es engañar, es fingir, es aparentar algo que no es real.

Rápidamente nos daremos cuenta de que de esta forma no podremos resolver la situación. El ocultamiento, las apariencias, la hipocresía solo conseguirán dilatar el sufrimiento de manera tal que la «enfermedad» seguirá avanzando hasta que se haga aún más evidente.

Esto es precisamente lo que le ocurrió a Naamán. Sus hijos y sus siervos no tardarían en darse cuenta de que algo pasaba.

La noticia comenzó a divulgase y, en poco tiempo, sus autoridades y el pueblo que lo rodeaba lo sabrían.

El hecho de ser general del ejército, su trayectoria y reconocimiento, su buena familia, su posición ante la sociedad, nada de esto podía ayudarle y resguardar su vida, su identidad, de tener que enfrentar la lepra que lentamente avanzaba para destruirlo todo. Un hombre con un enorme potencial, que tenía sueños, planes, proyectos ... de pronto podría perderlo todo y quedar en la nada.

¿No es esta la historia de muchos?

¿Cuántos hay que nunca han podido alcanzar su sueño? ¿Cuánto potencial ha quedado sepultado en tumbas por haber sido destruido por la lepra «espiritual», el pecado, la maldad, la enfermedad?

Naamán necesitaba un milagro, necesitaba ser limpio de la lepra que lo afectaba.

¿Hay cosas en tu vida que te afectan?

¿Necesitas ser limpio?

Esto es lo que la Biblia llama «santidad». Es apartarnos del pecado para consagrarnos a Dios.

Sin embargo, en nuestra sociedad moderna hemos perdido el concepto de lo que verdaderamente significa la santidad. Para algunos es un «concepto de vida inalcanzable». Para otros, significa un conjunto de «reglas, ritos y tradiciones religiosas», o lo califican de algo «anticuado» o «pasado de moda».

La santidad no es un conjunto de reglas, tampoco es una moda, sino un estilo de vida.

NECESITAS ALGO MÁS...

Cuando Dios comienza a obrar en nuestra vida, muchas de las cosas que hacemos ya no volverán a ser iguales que antes.

La asistente de la esposa de Naamán estaba preocupada. Tuvo compasión por este hombre, pues si no lograba ser limpio de su enfermedad, esta lo consumiría. Humanamente no se lograría alcanzar una respuesta, todo esfuerzo era en vano. ¡¡¡Necesitaba algo más!!!

Fue entonces cuando la joven sirvienta recordó que había un hombre en Israel a quién Dios usaba poderosamente. Su nombre era Eliseo.

Al leer estas palabras quizás en este mismo instante tú te das cuenta de que necesitas algo más. ¿Dónde está? ¿Dónde buscarlo?

Naamán fue en busca de su milagro. Creyó en las palabras de aquella jovencita y marchó a buscar a Eliseo.

¡Cuántos cristianos se sienten débiles e indignos y tratan de vencer sus debilidades!

¡Cuántos pastores y líderes se han sentido sucios, indignos ante la presencia de Dios, por no poder vencer actitudes carnales, pecados íntimos!

¿Quieres ser libre de esa lepra que te destruye?

Si tu respuesta es afirmativa, entonces ya es hora de que te pongas en marcha y hagas algo.

¡Levántate, no te detengas!

Debemos quebrar el orgullo

Quizás uno de los pasos más difíciles para muchos es quebrantar nuestro orgullo. Enfrentar nuestras propias debilidades, reconocer nuestros errores.

Naamán, como general del ejército, supuso que al encontrarlo a Eliseo, este oraría por él, reconocería su investidura y autoridad, tendría un trato preferencial hacia «el general».

Qué desilusión cuando ni siquiera fue recibido por Eliseo y apenas un siervo le transmitió un mensaje que para él era humillante. Grande fue su enojo.

¿Cuántas veces nos encontramos hoy con la misma escena? Cuando nuestras expectativas y nuestras pretensiones no son satisfechas, nos enojamos, nos ponemos mal, discutimos, peleamos, juzgamos...

Pero era Dios quien estaba tratando con el carácter de este hombre.

Para alcanzar el milagro, para ser limpio, primero es necesario doblegar nuestro orgullo.

Las muchas referencias que Naamán tenía, incluso las cartas del rey de Siria, no podían impedir que Dios tratara con él.

Aquel siervo de Eliseo, llamado Giezi, le transmitió el mensaje de Dios: «*Ve y lávate siete veces en el Jordán, y tu carne se te restaurará, y serás limpio*» (v. 10).

«¿Cómo? ¿De qué está hablando? ¿Tengo que ir a bañarme siete veces?»

Imagínese por un instante el enojo y la desilusión de este hombre.

Su expectativa era otra, y ahora esto...

En realidad lo que debía hacer no era nada difícil, pero lo más difícil era doblegar su orgullo, su propia expectativa de cómo habrían de ser las cosas.

Recuerdo cómo Dios tuvo que tratar conmigo en mi propia vida:

Cuando me gradué del seminario tenía el ímpetu de todo joven. Yo decía: «Cuando tenga oportunidad voy a predicar, y Argentina sabrá quién es el pastor Freidzon». Un misionero me ofreció su apoyo para comprar una propiedad y abrir una iglesia en un pequeño barrio de hermosas casas, llamado Parque Chas.

Cuando llegué al lugar con mi esposa, vimos una plaza con muchos jóvenes y niños, y comenzamos a planificar una campaña evangelística. Le dije a mi esposa, Betty: «En dos o tres meses sacudimos el barrio». Corría el año 1978 y el país estaba muy cerrado al evangelio; sin embargo, yo creía que lo podía lograr. Oraba a Dios: «Señor, yo no sé cuántos se han graduado en este seminario, pero yo salgo para conmover este país con el evangelio».

Pusimos sillas en aquella plaza y empezamos a predicar. Muy pronto mis sueños de éxito tocaron tierra. Ni una sola persona se acercaba a escuchar. Las sillas permanecían vacías día tras día.

Alguien nos sugirió: "¿Por qué no pasan una película?"

La idea nos pareció buena, y esta vez logramos captar la atención de los vecinos. Se acercaron unas ancianitas de alrededor de noventa años y se sentaron en la primera fila. Algunos vecinos más observaban con interés. Esto nos animó. Eran hermosas películas, que al finalizar me daban la oportunidad de prender las luces y predicar a los asistentes. Entusiasmado y con la Biblia en la mano esperaba el gran momento.

La película terminó y cuando prendimos las luces... ¡Sorpresa! ¡Todos salieron corriendo, excepto las pobres abuelitas que no tenían capacidad física para correr! Yo me sentía realmente frustrado ...

Durante varios años mi única congregación estuvo formada por mi querida suegra, mi suegro, mi esposa y tres dulces abuelitas ... Mis sueños, mis expectativas parecían derrumbarse, pero Dios estaba tratando conmigo en medio del desierto.

¿Será que Dios está quebrando tus expectativas? ¿Te has preguntado por qué?

Hay muchos que deben pasar por el mismo proceso. Se enojan con Dios, se enojan con el profeta, se enojan con el siervo, porque esperaban algo diferente.

Ahí es donde debemos examinarnos y preguntarnos: «¿Por qué este enojo, por qué esta indignación?»

Si permanecemos en esa postura podemos llegar a perder nuestra oportunidad y jamás alcanzar el milagro, la limpieza de la lepra que nos consume.

¿A mi manera o a la manera de Dios?

Naamán solo sería sano si se zambullía siete veces en el Jordán.

Pero... ¿si lo hacemos a nuestra manera?

Exactamente esto mismo pensó este general: *«Abana y*

Farfar, ríos de Damasco ¿no son mejores que todas las aguas de Israel?»

El problema no eran los ríos, ni tampoco el agua; el problema era el orgullo. Y la falta de obediencia.

Muchos permanecen en derrota, pues no han aprendido a doblegar su orgullo. Les cuesta obedecer, quieren imponer su propia voluntad. Tratan de justificar sus actitudes, se refugian y aíslan en su enfermedad y dolor, no están dispuestos a rendirse en las manos del Señor.

El milagro solo ocurriría si Naamán llegaba a la séptima zambullida.

¿Estás dispuesto a obedecer a Dios?

¿Estás dispuesto a someter tu orgullo y aceptar su dirección, su Palabra?

El milagro solo ocurrirá cuando llegues a la séptima zambullida.

Serás limpio, serás sano, el milagro se producirá y tu carne se restaurará.

Te invito a que transitemos juntos estas sietes zambullidas para alcanzar el propósito de Dios, la santidad, la limpieza de tu corazón...

PRIMERA ZAMBULLIDA

ATRÉVETE A MARCAR LA DIFERENCIA

¿Por qué será que el hombre y la mujer generalmente están dispuestos a hacer cosas difíciles, pero no aprecian lo fácil como es debido?

Por alguna razón le hemos dado menor valor a aquellas cosas sencillas que se nos piden.

Aquí tenemos a un grupo de criados de Naamán que son quienes con sus palabras y actitud le llevan a reflexionar y a cambiar de opinión.

¡Qué importante es la influencia que podemos ejercer en aquellos que están a nuestro lado!

Aun en medio de un momento de crisis y desesperación, las palabras de estos criados tocaron el corazón de este hombre.

Nunca menosprecies o tengas en poco lo que Dios puede decirte aun a través de aquellos que tienen un crecimiento o responsabilidad espiritual inferior a la tuya, y se encuentran a tu lado.

Es importante que seamos personas que podamos marcar la vida de otros a través de la buena influencia que ejerzamos en ellos.

¿Estás dispuesto a obedecer a Dios incluso en las cosas pequeñas?

Para ser limpio, Naamán tuvo que enfrentar este gran desa-

fío. Lo que debía hacer era muy sencillo, pero demandaba una actitud de «descenso».

En la lectura de las próximas páginas te vas a encontrar frente al mismo desafío ... para alcanzar la limpieza, el milagro, el cambio en tu vida ... ¡tendrás que descender primero!

Es imposible que puedas alcanzar las bendiciones de Dios para tu vida si sigues en tu postura de justificarte, si quieres seguir manteniendo la razón, la imagen, el «estatus». Tenemos que aprender a descender.

Solo si descendemos primero estaremos en condiciones de zambullirnos.

Este hecho implicaba humildad, renunciación, obediencia, una actitud que puede determinar el cambio.

¿Por qué siempre queremos tener la razón?

Es necesario descender. No seas sabio en tu propia opinión, aprende a escuchar, mira lo que Dios quiere hacer contigo.

Hasta entonces no estaremos preparados para hacer algo que ninguno ha hecho antes, estaremos listos para la primera zambullida.

Este general tan importante iba a entrar por primera vez en el agua para sumergirse en el río Jordán. ¿Cuál habrá sido la lucha en su mente?

«¡Estoy haciendo el ridículo! ¿Cómo es que el agua de este río sucio va a limpiar mi lepra? ¿Qué pensarán los que me ven y conocen?»

Me imagino que por todo el contexto que nos menciona la Biblia, los argumentos y pensamientos que habrán venido a su mente lo atormentaban e intentaban sacarlo de allí y evitar que continuara.

¡Sin embargo, se sumergió por primera vez!

CAPÍTULO

NO TE MEZCLES CON EL MUNDO, MARCA LA DIFERENCIA

«Mas sus criados se acercaron y le hablaron diciendo: Padre mío, si el profeta te mandara hacer una gran cosa, ¿no la harías? ¿Cuánto más diciéndote: Lávate, y serás limpio?

El entonces descendió, y se zambulló».

(2 Reyes 5:13-14)

ESTA ACTITUD DE NAAMÁN ES LA QUE LO COMENZARÍA A diferenciar de los demás. Se atrevió a hacer algo que los otros nunca habían hecho antes. Para alcanzar el milagro, para ser limpios, para tener una vida transformada en santidad, debemos aprender a marcar la diferencia.

«Pero a vosotros os he dicho: Vosotros poseeréis la tierra de ellos, y yo os la daré para que la poseáis por heredad, tierra que fluye leche y miel. Yo Jehová vuestro Dios, que os he apartado de los pueblos. Por tanto, vosotros haréis diferencia entre animal limpio e inmundo, y entre ave inmunda y limpia; y no contaminéis vuestras personas con los animales, ni con las aves, ni con nada que se arrastra sobre la tierra, los cuales os he apartado por inmundos. Habéis, pues,

*de serme santos, porque yo Jehová soy santo, y os he apar-
tado de los pueblos para que seáis míos»* (Levítico 20:24-
26).

¿QUÉ ES LO QUE SOMOS?

Lo que somos en lo secreto, lo que somos en la búsqueda de Dios, lo que somos en nuestro hogar, lo que somos en nuestra vida íntima, lo que somos donde nadie nos ve, esa es la clase de persona que en realidad somos.

En lo secreto es donde determinamos lo que es lo más importante de nuestra vida. Podemos engañarnos a nosotros mismos y a los demás escudándonos detrás de una fachada religiosa, detrás de la apariencia o hipocresía, y aparentar algo que realmente en lo secreto no somos. Pero a Dios no podremos engañarlo.

Uno puede frustrarse de muchas cosas en la vida, pero frustrarse de Dios es el último recurso, porque si uno está defraudado de Dios, ¿a quién irá? Solamente él tiene palabras de vida.

Tú puedes pasar por batallas y luchas, pero si tienes la fuente, el agua y los recursos, entonces eres como el roble que, aunque está talado, vuelve a brotar. El problema es que muchos cristianos no sienten ni tienen esa necesidad diaria de búsqueda, hasta que pasan por la sequía y se dan cuenta de lo que se pierden en Dios.

Cada uno de nosotros tenemos nuestras propias luchas y gigantes que vencer. Los deseos de la carne, los deseos de los ojos y la vanagloria de la vida, son los que afectan nuestro ser. El mundo cada vez se aleja más de Dios y se dispone a encerrarnos en pensamientos y modas. Espiritualmente comenzamos a aceptar costumbres, formas de pensar, actitudes mundanas. Comienzan a parecernos normales, las justificamos, les damos una explicación, hacemos alianzas y pronto comenzaremos a recibir de esa influencia que nosotros mismos hemos permitido en nuestro corazón.

Nunca habríamos leído del milagro que Dios hizo en la vida de Naamán si este hombre no se hubiese atrevido a enfrentar sus propios prejuicios y hubiera cambiado su forma de pensar. Antes de que ocurriese el milagro algo sucedió en el corazón de este general.

La expectativa que le ofrecía el mundo era la muerte. No había remedio ni escapatoria. En cambio, Dios le mostraba un camino de salida, de vida. Sin embargo, para poder alcanzarlo debía descender primero.

Debemos tener un motivo para vivir, un motivo para crecer, un motivo para seguir adelante.

Puedo imaginarme las veces que Naamán habrá pensado en su esposa, en sus hijos, en su trabajo, en su pueblo ... pero si esta enfermedad avanzaba quedaría aislado de todos ellos, hasta que la muerte lo atrapara.

¿Cuántos hay que han perdido la esperanza de vida? ¿Cuántos que ya no ven la salida?

¿Cuántos cristianos han perdido de vista su modelo?

¿A quién quieres parecerte?, ¿cuál es tu modelo?

Como verdaderos cristianos nuestro modelo es parecernos cada vez más a Jesús, es amar a Jesús, amar a Dios con todo nuestro corazón, es conocerlo más.

La enfermedad, el pecado, el dolor, han atrapado a muchos en angustias, tristezas y depresiones. Por ello, hoy más que nunca necesitamos acudir a esa fuente de gozo, de paz, de esperanza que viene de parte de Dios.

Tenemos un Dios santo, y al acercarnos a él somos santificados. Comenzamos a parecernos más a él.

El solo hecho de que Naamán escuchara la palabra del profeta que le hablaba de parte de Dios, y comenzara a obedecer lo que le había sido dicho, empezó a desatar fe y confianza en su corazón. Aunque la lucha era grande, había comenzado en él el proceso de limpieza y santificación. La lepra seguía estando allí, pero su actitud, su expectativa, su confianza lo llevaban rumbo a la purificación.

El Señor va a terminar de completar la obra de santificación en tu vida. Has comenzado una nueva etapa. Aún sigues luchando con cosas del pasado, pero tu cambio de actitud, tu obediencia es la que marcará la diferencia.

Un ejemplo práctico y entendible para todos es el agua mineral. Podemos decir que es un agua cien por cien pura. Mi amigo y siervo de Dios, El pastor Sergio Scataglini, cuya vida ha sida marcada a fuego con la santidad, menciona en uno de sus libros el siguiente ejemplo: «Seguramente tú jamás comprarías una botella de agua mineral en cuya etiqueta dijera: "98 % de agua pura, 2 % de agua contaminada sin garantía alguna"».

¡O es pura, o no lo es!

¿Qué sucede con nuestra vida espiritual? ¿Por qué muchas veces te encuentras en medio de la lucha y en vez de sentirte victorioso te sientes derrotado?

Es que hay algo importante que Dios quiere enseñarte: ¡tú determinas qué clase de persona, de cristiano eres!

Puedes seguir con la lepra ... seguirás por un tiempo, pero esta no tardará en destruirte. O puedes hacer algo hoy mismo. ¡Decídete, cambia!

Y cuando algo quiera venir a contaminarte, tendrás la fe

y el arrepentimiento suficiente para decir: «¡No voy a permanecer más atado y esclavizado a nada, porque Jesús es mi Rey! ¡No voy a permitir que la lepra siga avanzando y destruyendo mi vida!»

Naamán dejó a un lado sus prejuicios, lo que los demás pudieran llegar a pensar, simplemente obedeció la palabra y se sumergió.

Hoy tú puedes tomar esta palabra para tu vida y declarar: «¡Ya no tengo ningún yugo, ningún peso, ninguna carga, ningún amo que obedecer ... solo a Jesús que es el Rey de mi vida, él es mi Señor!».

Escuchar la voz de Dios y obedecerla es la actitud que modifica tu corazón por dentro, lo que produce el cambio, de adentro hacia afuera. Naamán no lo sabía, pero el milagro ya estaba en marcha.

Sigue adelante y atrévete a vencer toda frustración.

En mi propia vida yo tuve que aprender esas grandes lecciones que Dios me quería enseñar:

Durante aquellos primeros años en el ministerio, nada parecía salir bien. Hasta tenía un frigorífico que en vez de enfriar, ¡calentaba!

Mi situación económica era deplorable. Me avergonzaba por no poder darles un sustento digno a mi esposa, Betty, y a los chicos. Pero tal vez una de las cosas que más me dolía, era ser un pastor sin ovejas. Durante siete años mi congregación no superó las siete personas. En algunos cultos estaba solo. A veces venían pastores amigos a presenciar el culto y me encontraban solo. Sentía ganas de morir y desaparecer. Me consideraba una víctima ... Cuando caminaba entre los bancos vacíos, sentía cómo el diablo saltaba alrededor y se burlaba de mí. Pensé en renunciar al pastorado, continuar con mis estudios de ingeniería y buscar un empleo. Pero muy dentro de mí sabía que este no era el plan y el propósito de Dios para mi vida. Descubrí que con el correr del tiempo todo plan o propósito que Dios tiene con nuestras vidas, conlleva un proceso espiritual, un trato de Dios con el hombre.

ESTÁS LLAMADO A SER SANTO

La Biblia nos enseña claramente que ser santo es un llamado de Dios. En la historia de Naamán encontramos este mismo principio. Era Dios quien le hablaba a este hombre poderoso para que en él se produjera el cambio y fuese libre de su enfermedad.

En el Nuevo Testamento encontramos el siguiente texto: «*Pablo, llamado a ser apóstol de Jesucristo por la voluntad de Dios, y el hermano Sóstenes, a la iglesia de Dios que está en Corinto, a los santificados en Cristo Jesús, llamados a ser santos con todos los que en cualquier lugar invocan el nombre de nuestro Señor Jesucristo, Señor de ellos y nuestro*» (1 Corintios 1:1-2).

La palabra santo no es una cuestión mística, sino que significa vivir de una manera diferente. Es vivir consagrado, poniendo límites, cerrándonos a la contaminación, a la mentira y al doble sentido.

La manera en que podemos alcanzar lo genuino de Dios es comenzando a aceptar que somos llamados a ser santos. Esto significa estar totalmente consagrados, definitivamente muertos a nuestros derechos y a nuestro «yo» —nuestro orgullo— para aceptar por completo la voluntad de Dios en nuestras vidas. Cuán difícil le resultaría a Naamán renunciar a sus privilegios, a su autoridad, a su reconocimiento, para doblegar su corazón y descender en obediencia a la palabra de Dios a través del profeta. Fue una muerte interna para aceptar lo que Dios tenía para él.

Jesús vino para demostrarnos que el grano de trigo tiene que caer en tierra y morir para dar fruto. El reino de Dios es al revés del mundo. En ese reino el más grande es el siervo. La santidad en acción consiste en ser verdaderos siervos, en perdonar, en no enojarnos, en no demandar nada; santo es aquel que todo lo sufre, todo lo cree, todo lo espera, todo lo soporta ... por amor.

Lamentablemente, muchas veces he visto a creyentes que han tenido experiencias concretas con el Señor. Jesús ha hecho cosas tremendas en sus vidas, les ha dado dones y talentos preciosos, los ha ungido, y aun así viene a nuestras mentes la pregunta: «¿Por qué nunca terminan de comprometerse, de entregarse por completo? La respuesta es: "En su interior están divididos"».

Tienen su corazón dividido y según Santiago, necesitan ser purificados: «Y vosotros los de doble ánimo, purificad vuestros corazones» (Santiago 4:8).

Hace tiempo me impactó el testimonio de un grupo de jóvenes de la iglesia a quienes en un tiempo de oración el Señor tocó profundamente. Ellos sintieron la profunda necesidad de consagrar su corazón por completo, dejando a un lado aquellas cosas que empañaban la visión y propósito de Dios para sus vidas. Una hermana dijo:

El Señor me pide que deje mi egocentrismo, aquellas cosas que para mí son importantes y que me preocupe de aquellas cosas que para él son importantes. Aquello que está en su corazón. No somos nuestros dueños, somos siervos de Cristo. Estamos en esta tierra para hacer su voluntad, para obedecerle y servirle.

Otra joven testificó:

Cuando orábamos, cuando buscábamos a Dios, me di cuenta de que me estaba ocupando de mis asuntos y de mis propias metas. No me di cuenta de que a mi alrededor había gente que necesitaba que les predicara el evangelio. La gente que me rodea son oportunidades que Dios me da, y no debo desperdiciarlas. Debo aprender a servirle a Él.

Estos son testimonios de corazones purificados, alineados con la voluntad de Dios. ¿No querrá Dios hacer lo mismo contigo?

La santificación significa separarte del sistema del mundo, donde cada cual hace lo que le parece, sin tener en cuenta a Dios. Santificación significa separarte de la forma en que el mundo opera, para dedicarle tu vida al Señor. No es tu forma o tu manera, es la de Dios.

Es aceptar el consejo, mandamiento y Palabra de Dios como guía y dirección segura para tu vida. Si nunca lo has hecho antes, como le sucedió a Naamán, puede ser que no entiendas, que te enojes, pero solo cuando te atreves a obedecer a Dios, es cuando encontrarás la gran diferencia en tu vida.

La santificación no es una mera emoción del momento, sino una acción, una necesidad diaria de acercarnos a Dios y a su Palabra. Es marcar la diferencia a través de nuestro testimonio, conducta y espíritu.

ÁBRELE LA PUERTA A JESÚS

En el libro de Apocalipsis leemos: «*Porque tú dices: Yo soy rico, y me he enriquecido, y de ninguna cosa tengo nece-*

sidad; y no sabes que tú eres un desventurado, miserable, pobre, ciego y desnudo. Por tanto, yo te aconsejo que de mí compres oro refinado en fuego, para que seas rico, y vestiduras blancas para vestirte, y que no se descubra la vergüenza de tu desnudez; y unge tus ojos con colirio, para que veas. Yo reprendo y castigo a todos los que amo; sé, pues, celoso, y arrepiéntete. He aquí, yo estoy a la puerta y llamo; si alguno oye mi voz y abre la puerta, entraré a él, y cenaré con él, y él conmigo» (3:17-20).

Cuando decimos que el Señor golpea a la puerta, generalmente lo utilizamos para darle a entender al que está perdido que es necesario que le abra el corazón al Señor. Si bien esto es cierto, —y si aún no le has abierto la puerta de tu corazón a Jesús, puedes hacerlo hoy mismo —, encontramos que el contexto de este mensaje está dirigido por Dios hacia su iglesia. Es decir, a aquellos que decimos ser cristianos. Uno puede estar dentro de la iglesia y tener a Jesús del lado de afuera del corazón. Millones de personas dicen ser cristianas, pero se han olvidado de Cristo, de sus enseñanzas, de su conducta y testimonio. No han tenido un encuentro genuino que haya transformado sus vidas. Para estas personas es una simple tradición, una rutina, pero lejos está de ellas transformar esto en un verdadero estilo de vida. No marcan la diferencia con los demás; su testimonio está en tela de juicio. Aún practican los pecados de siempre, su vocabulario burdo, amenazante, injurioso, quejoso y calumniador, sigue igual. El maltrato hacia sus seres queridos, las tentaciones que los atrapan y seducen ... no se dieron cuenta, pero Jesús sigue estando del lado de afuera.

¿Qué habría sucedido si Naamán no hubiera escuchado la voz de Dios y, enojado, hubiese vuelto a su nación? Seguramente no leeríamos nada de él, y simplemente habría sido un hombre más que murió bajo los efectos de la lepra que lo consumió. Sin embargo, Naamán oyó la voz de Dios y actuó.

Esto mismo es lo que dice el pasaje de Apocalipsis. No es suficiente con solo creer en Dios y haber recibido a Jesús en tu corazón. ¿Qué sucede luego con tu vida, con tu carácter, con tu forma de ser?

Jesús golpea la puerta de tu corazón, desea que la abras, porque él quiere tener comunión contigo, quiere participar de cada área de tu vida y tomar el control de cada una de tus vivencias. ¡Él quiere ser tu Rey y Señor!

A través de este pasaje, Dios nos exhorta y nos muestra que muchos se creen espirituales, pero que en realidad su verdadera condición espiritual es la de «miserables y pobres».

Este es el tiempo en que Dios quiere que lo que esté tibio, lo que es mediocre, lo que no alcanzó a salir de la zona gris, pueda definirse completamente. ¿En qué lado del cristianismo te encuentras?

Si no desciendes y te humillas —como tuvo que hacerlo Naamán—, estás dejando a Jesús afuera.

Es la Palabra de Dios lo que produce en tu vida el querer como el hacer. Cuando la oyes y la aceptas, cuando estás dispuesto a hacer algo, Dios comenzará a actuar en tu vida. Recuerda que es Dios el que te llama para purificarte. ¿Le vas a abrir la puerta o lo vas a dejar del lado de afuera? ¿Vas a obedecer su Palabra o a seguir enojado con él?

SAL DE TU COMODIDAD

La santificación no es ser cómodos, sino tomar decisiones importantes para no estancarnos. De esa manera nos abrimos a aquello que deseamos que nos tome, que nos controle.

Naamán hizo planes, preparativos, viajó, se esforzó, buscó al profeta. Debió salir de la comodidad de su hogar, donde la lepra lo estaba destruyendo.

¿Te has «acomodado» a alguna circunstancia difícil, a alguna debilidad, a algún pecado?

¿Te cuesta tomar decisiones y cambiar?

Cuántos hay que han perdido grandes oportunidades en su vida, simplemente porque se han demorado y no han tomado decisiones a tiempo. La indeterminación, la comodidad de dejar que las cosas simplemente sigan sucediendo y que el tiempo siga transcurriendo pueden precipitarte a una crisis. Recuerda que en la vida vamos a llegar a ser aquello que aceptamos y recibimos en nuestro corazón, aquello que nos influye es lo que va a movilizarnos y marcarnos. Llegarás a ser aquello a lo que le das prioridad.

Lamentablemente, muchas personas no le dan prioridad al llamado de la santificación, no le dan prioridad a buscar el reino de Dios y su justicia; no le dan prioridad a ocuparse de las cosas de Dios, a obedecer su Palabra. Entonces llegan a ser lo que el mundo les dice: «¡Eres un fracasado, nunca vas a cambiar! ¡Tu familia era igual, tu papá, tu abuelo ...!»

Este es el tiempo en que Dios quiere liberarte del oprobio de estar atado al diablo para que puedas correr a los brazos de Cristo y servirle por amor. Él te dio la libertad para escoger y determinar. Naamán escogió obedecer la voz de Dios. ¿Estás dispuesto a hacer su voluntad?

Haz un pacto de fidelidad con Dios

Hay momentos en la vida en que tomamos decisiones que nos marcan: la carrera que estudiamos, un trabajo nuevo, la persona con la que nos casamos. Pero muchas veces hemos dejado a un lado nuestras decisiones espirituales. ¿A quién vamos a escuchar? ¿Sobre qué bases y fundamentos vamos a edificar?

Dios te llama para darte una nueva oportunidad. Así como a Naamán, Él te habla para que encuentres el camino de santidad, de pureza para tu vida. ¿Estás dispuesto a obedecerlo y a escuchar su voz?

Hoy puedes hacer un pacto de fidelidad con Jesús, un pacto en que le expresas tu deseo de obedecerlo, tu vocación de alcanzar las cosas espirituales, de llenarte de su Espíritu y hacer su voluntad todos los días de tu vida, andando por sus caminos y celebrando diariamente sus verdades.

Un pacto es un compromiso entre dos personas. El pacto que hacemos con Dios es un pacto que Jesús avala con su sangre.

La Biblia narra la historia de Esdras, quién confesó el pecado que el pueblo de Israel había realizado al ceder a la tentación y mezclarse con otros pueblos, cosa que el Señor les había encomendado oportunamente que no hicieran: «*Acabadas estas cosas, los príncipes vinieron a mí, diciendo: El pueblo de Israel y los sacerdotes y levitas no se han separado de los pueblos de las tierras, de los cananeos, heteos, ferezeos, jebuseos, amonitas, moabitas, egipcios y amorreos, y hacen conforme a sus abominaciones. Porque han tomado de las hijas de ellos para sí y para sus hijos, y el linaje santo ha sido mezclado con los pueblos de las tierras; y la mano de los príncipes y de los gobernadores ha sido la primera en cometer este pecado*» (Esdras 9:1-2).

La carga y la oración de Esdras se debían a que los israelitas se habían mezclado con el estilo de vida de los pueblos paganos e idólatras que los rodeaban. Es decir, se habían contaminado con la influencia del mundo a su alrededor.

Para ese entonces mezclarse era un acto de rebeldía, de indiferencia, de deslealtad hacia Dios. Ellos se mezclaron y rompieron el pacto.

Naamán alcanzó la promesa porque le fue leal a Dios, obedeció su Palabra.

En esta época, la tentación es que te mezcles con el «sistema del mundo». El mundo nos afecta. Muchos cristianos incluso han tomado el doble sentido, el malhumor, el carácter del mundo, las ofensas, las murmuraciones, la envidia, la competitividad, la vanagloria, el egoísmo, el ser desobediente a los padres, la avaricia, la superficialidad ... como parte de su propia forma de ser y hacer.

Todo esto describe la situación del mundo que nos rodea, pero no debería ser parte de la vida y del carácter del verdadero cristiano. El Señor no quiere zonas grises en nuestra vida, los términos medios, donde no somos del todo mundanos, pero tampoco somos verdaderos cristianos. Podríamos calificarlos como cristianos «medio mundanos».

El espíritu del mundo es el «yo». Es el Naamán, general del ejército sirio, es nuestro orgullo, nuestra posición. Pero es allí donde debe producirse un cambio.

Algunos no quieren rendirse a Dios porque saben que de esa manera no pueden dirigir más su vida. Prefieren seguir a medias tintas ... no muy mundanos ni muy cristianos. Son aquellos que siguen justificando sus debilidades antes de enfrentarlas y hacer algo para vencerlas, como lo hizo Naamán.

Ya es hora de que aprendas a rechazar aquellas cosas que el mundo llama buenas, pero su final es camino de muerte y destrucción. ¡Tienes que decidirte! No aceptes la muerte, antes bien busca la vida que está en Jesús, y la hallarás. Aprende a decir «¡no!».

Santificarnos y hacer un pacto con Dios significa no aceptar ese estilo de vida que nos lleva a un camino sin retorno. Por el contrario, ser cristianos implica que estamos dedicados a una obra superior: construir en nuestras vidas un altar, donde pueda verse a Cristo en nosotros, en nuestro carácter, en nuestra forma de ser.

Algunos experimentan rechazo desde su más tierna infancia, y con el tiempo llegan a creer que en verdad no valen nada y que han fracasado en la vida. Su carácter tosco y a veces incluso insoportable tiene profundas raíces que han traído un inmenso dolor en su corazón. Si sus mismos padres que los trajeron al mundo no pueden amarlos, ¿qué puede esperar de los demás? Una hermana compartía con nosotros:

> *Vengo de una familia destrozada. A mí me dejaron fuera de casa a los diez años. Mi madre era alcohólica, y mi padre llevaba una doble vida con otra mujer y con otros hijos. Pero cuando rendí mi vida en las manos del Señor, él me llevó a amar a mi madre, porque yo la odiaba y la maldecía. Renegaba de ser su hija y pertenecer a una familia tan malvada, tan perversa, con unos padres que jamás me abrazaron, que nunca me dieron un beso, una caricia de amor; nunca escuché un «te quiero» de parte de ellos. Ese dolor, ese odio estaba en mi corazón como una lepra que me consumía. Pero cuando experimenté el amor de Jesús, él trató conmigo y pude perdonar a mi madre, que me maltrataba, me rechazaba. Siento que ahora puedo amarla pese a todo. Puedo acercarme a mi familia y darles un beso y un abrazo sin sentir rechazo dentro de mí. Dios ha sido fiel y me ha dado la victoria.*

Cuando hacemos un pacto con Dios, es como si firmáramos un convenio de que vamos a someternos a su Palabra, y con su ayuda hacer su voluntad. Él nos dará las fuerzas y la sabiduría para enfrentar toda circunstancia adversa y darnos la victoria. Aunque la batalla sea grande, si te decides, el Señor te dará la victoria.

El mundo nos llamará a mezclarnos, a tomar el nombre de Jehová en vano. «¡No tomes las cosas de Dios en vano!» La Palabra de Dios nos habla de ser diferentes, debemos tener un anhelo por Dios, una fe diferente, una unción diferente.

Cuando quiero santificarme, estoy dispuesto a confesar mi egoísmo, mi espíritu de competitividad, mi rebeldía, mi pecado.

Es el Señor quien quiere que tengamos hambre de ser santos, que tengamos hambre de parecernos más a Cristo, que tengamos hambre de obedecer, que tengamos hambre de vivir en la presencia de Dios y poder parecernos cada día más a él.

Naamán, empujado por su lepra, comprendió que no podía resolver ese problema solo, sino que necesitaba la ayuda de Dios. Invirtió dinero, hizo planes, se esforzó, buscó ... y encontró la respuesta. ¿Tienes tú hambre de Dios?

¡MARCA LA DIFERENCIA!

Los que han de conquistar las promesas de Dios, la tierra que él prometió, son aquellos que se han consagrado y apartado del espíritu e influencia del sistema del mundo, para rendirse por completo a Dios. Naamán se dio cuenta de que esta era su oportunidad.

Siempre que se acerca un tiempo de conquista, Dios nos lleva antes a un tiempo de santificación. La acción de zambullirse en el agua hace referencia a la limpieza, a la humildad, a la obediencia. Dios trataba con su corazón. En Levítico 20:24

dice: *«Haréis diferencia entre animal limpio e inmundo, y entre ave inmunda y limpia; y no contaminéis vuestras personas con los animales, ni con las aves, ni con nada que se arrastra sobre la tierra, los cuales os he apartado por inmundos. Habéis, pues, de serme santos, porque yo Jehová soy santo, y os he apartado de los pueblos para que seáis míos».*

El Señor había puesto pautas para aquel tiempo de lo que era limpio y de lo que era inmundo. Dios les había dicho que aquellos que son consagrados marcarían la diferencia y no comerían lo inmundo como si fuese limpio. A su vez les hace un llamado para que no llamen limpio a lo que es inmundo.

Lo que Dios quiere hacer en nuestra vida es sacar a la luz lo que está escondido. El Señor quiere que limpies tu casa. ¡Dios quiere sacar todo a la luz!

Si no lo obedeces, tal vez muchas de las peticiones y propósitos que Él tenía para ti quedarán truncados, y tu familia también se verá afectada por tu decisión.

Tenemos que aprender que el Señor nos dice que debemos marcar claramente la diferencia entre lo que es inmundo y lo que es aceptable y puro para Dios. El Señor quiere que nos dediquemos a él y que no mezclemos las cosas, que podamos cumplir su Palabra y andar en sus caminos, que regresen la gloria, el fuego, el hambre por orar y leer la Biblia. ¡Ya es hora de que vuelvas otra vez al primer amor!

Hay un llamado para cada uno de nosotros, y es que no quede ningún aspecto de nuestra vida sin limpiar.

Naamán entendió que la única manera de alcanzar la limpieza de su lepra era obedecer a Dios.

¿Estás dispuesto a entregarle todo?

CAPÍTULO 2

LA CONSAGRACIÓN, PASO PREVIO A LA SANTIDAD

«Por tanto, nosotros todos, mirando a cara descubierta como en un espejo la gloria del Señor, somos transformados de gloria en gloria, en la misma imagen, como por el Espíritu del Señor».

(2 Corintios 3:18)

LA PALABRA SANTIDAD ES EL RESULTADO DE LA CONSAGRACIÓN. Al consagrarnos, el Señor nos santifica, y al santificarnos vivimos en santidad. El resultado del proceso de acercarnos a Dios y ser santificados es caminar en perfecta armonía, comunión y lealtad con Cristo.

La consagración es un llamado al hombre para correr al altar. Es dedicar, rendir tu vida en las manos del alfarero para que él moldee un vaso de honra y de gloria para su Nombre.

Eso podemos verlo reflejado en la actitud y sacrificio de Naamán, en su disposición de hacer algo y marchar. Si no rendimos nuestra voluntad, Dios no ha de atropellarnos y obligarnos; aunque nos dé oportunidades.

Es el Señor quien quiere remover el mundo de tu corazón

y desalojar todo lo que no es puro, lo que no edifica tu interior, lo que te contamina, para crear en ti una persona nueva. Para ello necesitas una consagración diaria, una rendición y dedicación total de tu vida a Jesús, que te llevará a la santificación.

El concepto de santidad es que tú no practicas más ciertas cosas, porque practicas otras que le agradan a Dios. Naamán nunca se había zambullido antes siete veces. Sin embargo, estuvo dispuesto a hacerlo.

Sabemos que la visión del enemigo es contraria a la visión de Jesús. Nosotros vivimos en este mundo, pero no compartimos la visión del mundo, sino la visión de Cristo. Por ello debemos mantener nuestros pies en la tierra, pero con el corazón puesto en las cosas de Dios. La consagración te permitirá determinar qué cosas son en verdad las más importantes para tu vida. Por este motivo vamos a observar aquellos aspectos más importantes que te llevarán a una nueva dimensión espiritual.

CONSAGRACIÓN SIGNIFICA TENER LA VISIÓN DE CRISTO, VER LO QUE DIOS VE

Dios te ha puesto para que sigas el camino de Jesús y andes ordenadamente tras la voluntad de Dios. Ser consagrado significa permitir que la visión de Cristo pase a ser también tu visión. Lo que Cristo deshecha, lo deshechas; lo que Cristo resiste, lo resistes. Tener la visión de Jesús es estar de acuerdo con él en todo. Es disponerte para obedecerlo a él.

Es interesante ver lo que dice el profeta Amós: *«¿Andarán dos juntos, si no estuvieren de acuerdo?» (3:3)* En el momento en que te pones de acuerdo con Jesús en todo y lo llevas a la práctica, es donde se produce la consagración en tu vida. Te rindes a su voluntad.

Para Naamán eso significó tener que descender para zambullirse. ¿Qué significa para tu vida la consagración?

La visión del mundo tratará de perturbar en tu vida la visión de Cristo. El enemigo intentará infiltrarse y querrá influir en ti de diversas maneras. ¿Cómo?

Parece que algunos piensan que el diablo se les va a presentar vestido de rojo con un gran tridente para que lo identifiquen fácilmente: «¡Ahí está el enemigo!»

Lamento decirte que ¡no es así!

La estrategia es sutil. El enemigo usará situaciones, aspectos de tu vida cotidiana que puedan influir en ti de manera tal que destruyan el propósito de Dios. Muchas de estas situaciones tienen que ver con la forma de vida que llevas, con las cosas que ves y escuchas cada día. El objetivo es influir tu corazón, tu espíritu, mostrarte lo que el mundo piensa y rodearte del lenguaje y de su estilo de vida, que se contradice con lo que Jesús nos enseñó.

Tan grande puede llegar a ser esta influencia para ti, que llegue a cambiar tu forma de pensar y de ver las cosas. No son pocos los cristianos cuyas vidas han sido engañadas y atrapadas astutamente por la sutil estrategia del enemigo, que ha cambiado su visión de las cosas.

¿Cuál es tu visión? ¿Es la visión de Cristo?

La consagración significa tomar la visión de Cristo para tu vida.

Recuerdo el testimonio de un prominente profesional que se dedica a la exploración arqueológica con el fin detectar reservas y desarrollar planes de exploración:

Desde que conocí al Señor, ha ocurrido en mi vida algo singular. Como profesional y científico estoy entrenado y capacitado para hacer lecturas y diagnósticos basados en una lógica para la cual fui entrenado y capacitado. Sin embargo, en un momento de mucha necesidad en la empresa en la cual trabajaba, le pedí al Señor que me ayudara y me mostrara aquellas cosas de las que quizás no me podía dar cuenta, pero que podrían representar una posible reserva mineral que pudiera llegar a ser explotada por la compañía en la que trabajaba. Cada mañana antes de salir a mi trabajo me ponía de rodillas, haciendo esta oración al Señor. Al poco tiempo comenzó a sucederme algo muy sorprendente. Permanentemente recibía los informes de los estudios de las regiones y suelos que estábamos investigando. Muchos de ellos ya habían pasado por un riguroso control y por especialistas en diversas áreas y habían sido descartados por ellos. Lo sorprendente fue que comencé a notar que Dios me guiaba y me mostraba ciertos aspectos que figuraban en algunos informes que otros no habían tenido en cuenta, pero que indicaban la posible existencia de una reserva mineral importante. Al principio, temeroso, me atreví a compartírselo al gerente del área en la que estaba. Asombrado por lo que le compartí me preguntó: «¿Cómo ha podido hacer este análisis y llegar a esta conclusión? ¿Quién se lo ha mostrado?»

¿Cómo explicarle a alguien que no es cristiano y que apela a la lógica más absoluta que en realidad fue Dios quién me guió y ayudó para que realizara un diagnóstico certero que pudiera representar un beneficio para toda la compañía? Recuerdo que la primera vez que Dios me guió de esta manera, yo estaba bajo tal presión y amenaza que literalmente mi puesto de trabajo estaba en juego. Mi oración en aquel momento fue: «Señor, tú me lo has mostrado... por favor ¡¡¡respáldame!!!»

Grande fue la sorpresa de mis colegas cuando al poco

tiempo, aquello que el Señor me mostró se transformaba en una realidad concreta. ¡Dios se glorificó!

En el concepto de cristianismo que yo vivía, nunca imaginé que Dios podría mostrarme incluso cosas o situaciones que tuvieran que ver con mi trabajo y ayudarme para que él fuera glorificado por medio de mi labor y tarea profesionales. Hoy, frente a cada trabajo y desafío, incluso frente a situaciones personales y familiares, he aprendido a orar y pedir la guía del Señor en todo. «¡Señor, dame una visión clara y muéstrame lo que no estoy viendo y es importante ... ábreme los ojos!»

Este testimonio es reflejo de algo que les sucede a muchos. Qué importante es poder tener una visión clara en todas las áreas de nuestra vida. Tu visión determina tu identidad. Es importante que recuerdes en todo momento que tú tienes una identidad y una vocación. El cristiano verdadero experimenta el poder y favor de Dios en todas las áreas de su vida, vive consagrado. Su trabajo, su familia, el ministerio ... están en las manos del Señor. Naamán debió aprender lo que significaba descender y obedecer la voz de Dios.

Mantenerte enfocado en la visión que Dios te ha dado hará que permanezcas ferviente en espíritu, y producirá en ti un deleite en seguir y agradar al Señor en todo.

LA CONSAGRACIÓN ESTÁ LIGADA A LA OBEDIENCIA

Jesús es el mejor ejemplo de obediencia que podemos encontrar. Para comprender bien esto, necesitamos leer 1 Corintios 1:30: «*Mas por él estáis vosotros en Cristo Jesús, el cual nos ha sido hecho por Dios sabiduría, justificación, santificación y redención*». Al estudiar este versículo en el idioma original en el que fue escrito, griego, se nos dice que Jesús fue hecho santificación, en el sentido en que Jesús entendió cuál era la voluntad del Padre hacia él, y luego eligió el camino de la santificación.

¡Cuántas veces podemos llegar a ser víctimas de nuestra propia desobediencia!

La Biblia nos exhorta a no ser solamente oidores de la palabra, sino hacedores.

Los hacedores son quienes obedecen y aplican la palabra recibida a sus vidas, la trasladan a la práctica en hechos, decisiones y conductas concretas. Este fue el caso de un hermano que habiendo oído la palabra supo llevarla a la práctica y Dios le recompensó:

Durante muchos años estuve amargado y resentido con mi padre. Desde pequeño siempre fue muy áspero y poco expresivo en su trato hacia nosotros, sus hijos. Hoy ya soy un hombre adulto con mi propia familia e hijos, y no consigo recordar que alguna vez mi padre me haya tratado bien, o me diera algún abrazo, cariño o palabras de amor. Cuando me casé y forme mi propia familia, estaba feliz de dejar atrás tantos años de discusiones y pleitos. Tomé distancia de él y pasé años sin verlo. No quería saber nada de él. Cuando llegué a la iglesia, estando en un retiro, Dios me habló directamente al corazón y me hizo ver la amargura y odio que tenía hacia mi padre. Con lágrimas y mucho dolor en mi corazón reconocí que debía perdonarlo y volver a acercarme a él. El hermano que nos ministraba nos dijo que para recibir amor era necesario sembrar amor, y que muchos nunca habían podido resolver los conflictos familiares simplemente porque habían sembrado la semilla equivocada. Me di cuenta de que era hora de cambiar, y que aquella palabra la debía llevar a la práctica. Mientras oraba y le pedía perdón al Señor, el Espíritu Santo comenzó a hablarme y a mostrarme cuántos sufrimientos había atra-

vesado mi papá. Un hombre mayor que pasó la guerra, perdió a su familia, sus amigos, padeció hambre, peligros y persecución. Su vida había sido marcada por el dolor, el sufrimiento y pese a ello siempre se preocupó por sus hijos, y nunca nos faltaron comida, techo o abrigo ... Esa era su forma de mostrarnos que nos amaba. Llorando reconocí que debía cambiar. Llamé a mi esposa por teléfono y aunque aún me encontraba en el retiro le pedí que invitara a papá a cenar esa noche en casa porque tenía algo importante que decirle. Mi esposa no entendía nada, y mi padre menos. Habían pasado muchos meses sin que tuvieran noticias nuestras, pero pese a ello aceptó y vino a cenar con nosotros. Mi padre, un hombre de pocas palabras, al terminar la cena volvió a sus continuos reproches buscando la forma de discutir conmigo. Pero esta vez fue diferente. Me acerqué a mi anciano papá y mirándolo a los ojos le dije: «Papá quiero decirte que te amo, Dios ha cambiado mi corazón, y por primera vez he visto lo mucho que tuviste que sufrir y padecer ...» Mientras yo hablaba, sus ojos se comenzaron a llenar de lágrimas y por primera vez en mi vida, mi papá me abrazó y me dijo: «¡Yo también te amo, hijo!»

Cuán grande fue la victoria aquella noche, en que terminamos orando con él, viendo cómo recibía a Jesús en su corazón. Hoy, nuestra realidad es otra, pues Dios restauró y sanó ese vínculo. ¡Qué contento estoy de haber dado ese paso y haber obedecido la voz del Señor!

Millones de personas de todo el mundo se ven privadas de experimentar en sus propias vidas el poder y amor de Dios, simplemente porque no obedecen su Palabra. No están dispuestos a dar el paso. Tienen temor e inseguridad.

Jesús decidió decirle al Padre: «Padre mío, si es posible, pase de mi esta copa, pero no sea como yo quiero, sino como tú» (Mateo 26:39).

El ejemplo de Jesús nos enseña claramente que para llegar a ser santos es necesario pasar por el proceso de:

1. Oír la palabra.

2. Meditar lo que Dios dice.

3. Obedecer la palabra. ¡Marchar!

La consagración está ligada al propósito de Dios para nosotros.

Jesús, como Maestro nuestro, también tuvo su elección. Llegó a ser santo porque lo determinó en su vida, lo logró porque lo dispuso en su corazón.

Naamán llegó incluso a enojarse por las palabras que el profeta Eliseo le mandó a decir de parte de Dios. Esto no le agradó, pero reflejó una condición de su corazón que debía cambiar si quería ser limpio.

No era Dios quien tenía que cambiar, sino él.

¡Cuántos quisieran cambiar a Dios, pero lo que él espera es que cambies tú!

Vivimos en una sociedad moderna, la sociedad de las presiones, la sociedad del rechazo, la sociedad de los problemas económicos ... y el enemigo nos ataca con toda clase de mentiras. Pero la santificación sigue siendo «la opción» que el Señor nos da a elegir.

No se habla mucho de Ananías, un discípulo casi anónimo que el Señor envió para ir a ver a Saulo de Tarso, que se acababa de convertir a Cristo. Ananías estuvo dispuesto a obedecer y decirle sí al Señor, a pesar de que lo que se le pedía era difícil de entender, ya que Saulo era conocido por perseguir y matar a los cristianos (ver Hechos 9:1-19).

Ananías es un ejemplo para todos nosotros de lo que realmente significa la consagración.

Muchas personas, entre las cuales algunos se consideran cristianos reconocidos, eluden la consagración, pues no están dispuestos a rendir sus vidas enteramente al Señor. Un setenta por ciento, quizás ochenta o noventa, o aun un noventa y nueve por ciento les parece más que suficiente. Pero en la intimidad no están dispuestos a rendirlo todo.

¿Se te hace difícil obedecer a la Palabra de Dios? ¿Por qué? La respuesta es: «Tu corazón está dividido».

Es allí donde detectas que existen aspectos de tu vida en los cuales te rebelas en contra de lo que el Señor te pide, e impones tu voluntad y parecer por encima de lo que Dios te pide.

Muchas veces la propia conveniencia, la comodidad o aun el temor de quedar expuestos en áreas íntimas de nuestro corazón, esas que nadie conoce, se transforman en el combustible que alimenta la rebeldía y nos lleva a cuestionar la voluntad de Dios.

Si tu anhelo es consagrar tu vida al Señor, debes estar dispuesto a comprometerte con él y obedecerlo en todo.

LA CONSAGRACIÓN SE PRODUCE CUANDO COMPRENDES QUIÉN ERES EN CRISTO

Cuando hallas en Cristo tu destino, puedes superar cualquier momento, porque encuentras la identidad de quién eres.

Jesús comprendió quién era, ya de pequeño, a través de las Escrituras. Jesús estudió la Palabra, meditó en la Palabra y llegó a ser lo que la Palabra le enseñó que él era.

Tú llegarás a ser lo que has sido llamado a ser. Recibes la revelación de parte de Dios acerca de quién eres realmente. De cuál es el propósito de Dios para tu vida.

Cuando no estás de acuerdo con Jesús, inmediatamente lo sientes en tu corazón, hay una inquietud. ¿Qué haces entonces? La única manera que tienes para resolver esta situación es el arrepentimiento y volver a la presencia de Dios.

Naamán tuvo que enfrentar este mismo problema ... y resolverlo.

No son pocos los cristianos que al transcurrir los años se sienten frustrados, varados en la mediocridad, estancados en la frialdad de la religión rutinaria, sin vida, sin aliento, sin frescura. ¿Es eso lo que Dios tiene para tu vida? De ninguna manera.

No pierdas tu verdadera identidad. Fuiste comprado por un precio muy grande.

Dios te ha llamado a ser hijo, él te ha redimido del yugo del pecado y maldición que había sobre tu vida. Ahora eres libre para alcanzar las promesas de Dios.

¡En Cristo estás completo y hallarás la vida abundante! Él pondrá una visión nueva y fresca en tu vida acerca de lo que llegarás a ser y, si te consagras, no hay demonio que pueda detenerte, no hay infierno que pueda parar la visión de Dios en tu vida.

La consagración te lleva a conocer quién eres en Cristo.

LA CONSAGRACIÓN ES UNA ACCIÓN DE PRESENTARSE DIARIAMENTE ANTE EL SEÑOR

La consagración es una acción de presentarse cada día

ante el Señor, teniendo la disposición de entregarse a él. Es allí donde comenzarás a descubrir lo nuevo, lo genuino, lo fresco del Espíritu Santo. Cada día tenemos que enfrentar una batalla entre la consagración versus la comodidad, consagración versus profesionalismo espiritual, consagración versus apresuramiento.

Moisés tuvo que escalar el monte Sinaí durante varias horas para recibir la revelación de Dios. Consagrado es aquel que le dice «no» al mundo y «sí» al Señor; es aquel que cambia de actitud, que cambia su compostura, que no se queja. Consagrado es aquél que está dispuesto a pagar el precio para acercarse más al Señor.

¿Cuánto estás dispuesto a «escalar» para encontrarte con la presencia de Dios?

La consagración es la decisión de no estancarnos, de no detenernos.

Naamán estuvo dispuesto a hacer un gran sacrificio para alcanzar su purificación. Solo así llegaría a alcanzar la victoria, solo allí lograría salir de la crisis, de lo irremediable, de la falta de esperanza.

En la vida cristiana el estancamiento, la comodidad, nos llevan a la ruina. En cambio, la consagración nos lleva a una transformación diaria.

El imperativo «transformaos» tiene que ver con la metamorfosis, con la mutación del gusano en mariposa. Esta es la palabra que usó en griego el apóstol Pablo en 2 Corintios 3:18 cuando dijo: «*Por tanto, nosotros todos, mirando a cara descubierta como en un espejo la gloria del Señor, somos transformados de gloria en gloria, en la misma imagen, como por el Espíritu del Señor*». Podemos descubrir a través de este pasaje que así como el gusano, después de cierto proceso, termina siendo una bella mariposa, nosotros también pasamos por un proceso de transformación.

Hoy estás en el proceso duro del cambio, pero vendrá el tiempo en que el Señor traerá a tu vida una etapa de libertad, una etapa de santidad donde tendrás nuevas metas y llegarás a nuevas alturas.

Consagrarte es permitirle al Espíritu Santo cambiar tu naturaleza carnal, rebelde, astuta, por la naturaleza de Cristo. Entonces, la vieja naturaleza quedará olvidada para siempre y tú serás transformado en una nueva persona. Es dar un paso que nadie más podrá dar por ti.

Naamán lo dio, pero apenas fue la primera zambullida; faltaban seis para cumplir el mandato de Dios.

Si has alcanzado esta, si has hecho tu primera zambullida, no te detengas, debes continuar hasta llegar a la meta.

EXAMINA TU CORAZÓN...

Naamán salió de esta primera zambullida y observó. ¿Qué vio?

Déjame hacerte estas preguntas:

- ¿Qué hay en tu corazón?
- ¿Qué clase de persona eres en lo secreto, allí donde nadie te puede ver?
- ¿Estás dispuesto a rendirte en las manos de Dios?
- Con oír solamente no basta; ¿estás dispuesto a obedecer?

Ora conmigo de todo corazón:

> «Señor Jesús, en esta primera zambullida me has hablado fuertemente. Estoy dispuesto a abrir mi corazón y permitir que tu Espíritu Santo lo escudriñe y me muestre aquellas áreas de mi vida en las que debo cambiar. Los pecados del alma, aquellas cosas que he escondido en lo profundo de mi corazón, hoy quiero confesarlas ante ti y pedirte perdón.
>
> Ya no quiero ocultar nada. Enséñame a ser genuino y transparente en todos mis actos, palabras y proceder. Renuncio a aquellos pecados "secretos" que solo tú y yo conocíamos.
>
> Me rindo ante tu presencia. ¡Cámbiame y ayúdame a obedecer tu palabra!
>
> En el poderoso nombre de Jesús ... ¡Amén!»

Segunda Zambullida

¡COMIENZA A CAMINAR!

Al salir del agua, Naamán observó su piel. Nada había cambiado todavía. No hubo mejora alguna, ninguna señal que pudiera observar. Simplemente había sido una zambullida. Estaba mojado, en medio del Jordán.

Pero ya estaba en marcha rumbo a la purificación. La primera zambullida quedó atrás, ahora se sumergía nuevamente.

Esta segunda zambullida tiene un significado muy importante. Con ella determinaba una decisión, una persistencia, continuidad. Creía la palabra que Dios le dio. El proceso estaba en marcha, ya no era una simple emoción del momento, y había logrado quebrantar su orgullo y vanidad.

¡Cuántos cristianos hay que se conforman con muy poco! Apenas tienen su primera experiencia con Dios, allí se detienen, eluden el compromiso, evaden la responsabilidad.

Si bien oyeron la Palabra y la comprendieron, algunos tímidamente lo intentan, pero la incomodidad de la situación, sus propias debilidades y argumentos, les impiden avanzar.

La segunda zambullida determina tu decisión de ir por más. Es romper con los argumentos y pensamientos que limitan el obrar de Dios en tu vida, para creerle a él.

Te invito a que entres y te sumerjas, pues Dios tiene preparado algo maravilloso para ti.

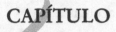

CAPÍTULO

LA SANTIDAD: UN ESTILO DE VIDA

«Santificaos, pues, y sed santos, porque yo Jehová soy vuestro Dios. Y guardad mis estatutos, y ponedlos por obra. Yo Jehová que os santifico».

(Levítico 20:7-8)

DIOS ES QUIEN SANTIFICA

LA SANTIDAD ES UN PROCESO QUE INVOLUCRA LA MENTE, el cuerpo y las acciones. La santidad se produce cuando uno se identifica con Cristo, cuando el anhelo del corazón es ser como Jesús.

En Efesios 4:13 leemos: *«Hasta que todos lleguemos a la unidad de la fe y del conocimiento del Hijo de Dios, a un varón perfecto, a la medida de la estatura de la plenitud de Cristo».*

Si procuras y deseas santificarte a través de tu propio esfuerzo, entonces te vas a encontrar con tu propia naturaleza carnal, la cual es más fuerte que tus intenciones. El hombre normalmente choca contra lo que es la santidad, porque nuestra propia naturaleza es injusta, impía, pecadora. Esto lo ilustra claramente Pablo al decir: *«Porque no hago el bien que quiero, sino el mal que no quiero, eso hago»* (Romanos 7:19).

Pero si te acercas al Señor y permites que él te llene de su Espíritu Santo, el poder de Dios será más fuerte que todo lo que venga contra ti. Es el Señor quien te da la capacidad de cambiar tu naturaleza. Tú simplemente te entregas, te rindes, te consagras y te acercas a él.

La segunda zambullida parecía que no tenía ningún alcance extraordinario para Naamán. Pero en ella estaba determinando algo muy importante: su decisión de obedecer a Dios.

LA SANTIDAD ES UNA DECISIÓN

Si vivimos para Dios es porque hemos decidido apartarnos para él y ser definitivamente diferentes. Diferentes no significa ser extraños, sino sencillamente pensar de forma diferente porque sabemos que no tenemos la capacidad para vivir nuestros propios caminos al criterio de nuestra mente. La gente del mundo tiene la mente entenebrecida y vive como le da la gana. En cambio, el cristiano vive de acuerdo a la Palabra de Dios.

La Biblia dice que Jesucristo es el Alfa y la Omega, y si empiezas en el Alfa llegarás a la Omega, que es el fin, la meta, el sueño; llegarás a alcanzar el plan de Dios para tu vida. Para llegar a la séptima zambullida tienes que pasar primero por la primera, por la segunda, y luego habrá más...

Si vives según tus deseos, no hay garantía de que te vaya bien. Pero si decides vivir de acuerdo a la voluntad de Dios, entonces cumplirás el propósito y la visión por la cual él te ha llamado.

Jesús tiene poder para guiarte cada día, —aunque el enemigo te ponga en medio de un laberinto—, porque aun allí está su mano, que es como una brújula que te guía hacia el horizonte.

Tú eres quien debe decidir diariamente a favor de la santidad. El Señor te llama a apartarte de la fornicación, del adulterio, de aquellas cosas que pueden afectar el cuerpo. La santificación involucra una vida pura en el área sexual, una mente pura en los pensamientos y en las acciones.

Los cristianos no practicamos las cosas de este mundo, porque hemos consagrado y santificado nuestro cuerpo para Dios.

La Biblia declara que el pecado de la fornicación o el de adulterio son pecados que se cometen contra el cuerpo. Tú y yo sabemos que nuestro cuerpo no nos pertenece, sino que es templo del Espíritu Santo. La gente sin fe no va a entenderte, pero cuando guardas tu cuerpo en santidad, lo preservas para que Dios pueda hacer en él grandes cosas.

La sexualidad ha sido creada por Dios para ser usada conforme él lo ha planificado para el hombre y la mujer. Desviarnos de su palabra y de su verdad conlleva enfrentar las consecuencias de nuestra rebeldía y falta de consagración.

No te dejes manipular ni intimidar por el sistema de este mundo, sino espera lo que es el plan de Dios para la familia.

La santidad no es una simple palabra religiosa, no es algo místico, sino práctico. Cada día van a venir a tu vida propuestas deshonestas de todo tipo, pero cuando Cristo es real en ti, tendrás el poder de rechazar todo lo que tenga que ver con una vida desordenada y una mente impura. No vamos a permitir que nada ensucie nuestra conciencia, porque nuestra vida, nuestra mente y nuestro corazón están consagrados al Señor. Y consagrado significa dedicado y santificado.

La visión del mundo es el doble sentido, es tocar nuestra

sensualidad, es crear en ti un corazón dividido. Por un lado amas a Dios, su Palabra, sus preceptos y mandamientos. Pero por otro, tu naturaleza carnal, influenciada por el mensaje y las presiones del sistema mundanal, te llevan a pecar, a dañar tu mente, tu espíritu y tu cuerpo. Aquí es donde debes empezar a marcar una diferencia clara.

Tu visión es santificar tu cuerpo. No dejes que lo inmundo te afecte. Recuerda que tu cuerpo es el templo del Espíritu Santo; no lo compartas con el mundo. Entrégalo en sacrificio de alabanza a Cristo y él te dará la pureza, la santificación.

Cuando tomas la decisión de santificarte y lo haces de verdad en tu vida, obtendrás en consecuencia paz, bendición, gracia, comunión con Dios y plenitud en Cristo. El Espíritu Santo será tu fiel compañero y ayudador y el que te guiará por las sendas de la verdad; socorriéndote en los momentos de debilidad.

LA SANTIFICACIÓN ES SEPARACIÓN DEL SISTEMA DE ESTE MUNDO, PARA VIVIR ACORDE A LA PALABRA DE DIOS

La santificación es lo que marca la diferencia entre el estilo de vida de un cristiano y la de un pecador. Es el llamado a examinarnos y confesar que aceptamos lo que Dios pone como límite para nuestras vidas.

Aquellos que desean vivir una vida santa se gozan y aceptan lo que Dios enseña en su Palabra, porque en eso consisten la plenitud y el verdadero gozo.

El amor del Padre es tan grande hacia nosotros que en verdad él sabe y conoce lo que es lo mejor y más importante para nuestras vidas.

La santificación no pasa por lo externo, ni por la imagen que uno puede dar a otros, sino que es un estilo de vida que está decididamente en desacuerdo con el mundo y de acuerdo con Dios. No podemos estar de acuerdo con Cristo y ser amigos del mundo. El mundo está en una continua contienda y enemistad contra el reino de Dios.

El llamado de Dios a la iglesia hoy es redefinir su situación y su postura: «somos o no somos», «estamos o no estamos». Si somos cristianos debemos actuar como tales, debemos tener el gozo de saber que Dios nos ha puesto límites para nuestro propio beneficio y no para complicarnos la existencia o amargarnos la vida. Por ello hemos de derribar en nuestra mente todo argumento que el mundo trata de sembrar, mostrándonos la santidad como sinónimo de aburrido, de anticuado, de religioso y frívolo. ¡No es así!

Naamán logró una importante victoria al seguir adelante creyéndole a Dios por encima de sus propios prejuicios y argumentos. Pudo llevar a la práctica la palabra que le había sido dada, continuó y no desmayó.

Aquel que practica la verdadera santidad como estilo de vida es una persona gozosa, alegre, completa. Su vida, su conducta, su forma de pensar y de proceder son ejemplos dignos de ser imitados.

Como cristianos debemos comprender que Dios nos ha escogido para separarnos de un sistema corrupto, contaminado, perverso y pecador, para llevar una vida de plenitud, de paz, de amor, de gozo en el espíritu. ¡No malgastes más tu vida: has sido llamado para vivir acorde a la Palabra de Dios!

La santidad es un proceso diario

La santidad es un proceso diario que tiene que ver con la vida cristiana: afecta el cuerpo, la mente, las acciones. Es Jesús quien hace que el proceso de santidad se haga realidad en tu vida. Él es quien nos libera de los yugos del pasado, quien produce en nosotros el querer como el hacer. Él es quien produce el cambio y la pureza interior.

Jesús será todo para ti si estás dispuesto a darle todo a él. Si le entregas un cincuenta por ciento, probablemente él será solo el cincuenta por ciento para ti. Si le entregas un setenta y cinco por ciento, entonces será un setenta y cinco por ciento para ti. Pero si le entregas el cien por ciento, él será el cien por ciento para ti. Esto te permite entender que en la medida de que tengas una entrega total, también encontrarás los beneficios de un Dios que ocupa todas las áreas de tu vida y que te lleva a una plenitud absoluta.

Jacob intentó luchar con Dios y quedó cojo. Estaba demasiado acostumbrado a depender de sus propias capacidades y habilidades, hasta que se encontró con el Señor. Entonces el Señor le mostró que solamente él es la fuente de todos sus recursos.

La persona que encuentra la santidad de Dios es libre y sana. Va creciendo y madurando, pareciéndose cada día más a Jesús. Este es un proceso de entrega, donde vamos reconociendo las áreas de nuestra vida que están en desorden, y comenzamos a alinearlas con el Señor.

Cada día subirás un peldaño más en tu comunión y santidad con el Señor. Hoy lograrás una zambullida más.

No dejes para mañana lo que puedes hacer hoy. ¡Quizás sea demasiado tarde!

Es Dios quien te llama a marcar la diferencia en tu familia, en el trabajo, en el vecindario, con tus amigos. ¿Cuál es la característica de tu vida que más le llama la atención a la gente que te rodea y que no conoce al Señor? ¿Acaso denotan alguna diferencia? ¿En qué aspectos has cambiado en estos últimos días, semanas, meses, años...?

Recuerdo la historia de un joven, miembro activo de una iglesia cristiana, que tenía que hacer el servicio militar. El pastor y la iglesia se reunieron para enviarlo bajo la cobertura y protección de las oraciones de toda la grey. Para la pequeña iglesia era un verdadero acontecimiento y orgullo desprenderse de uno de sus jóvenes para que sirviera a la patria. En cada reunión las oraciones de aquel grupo de hermanos recordaban a aquel querido muchacho que durante un año debía cumplir con su deber de ciudadano.

Por fin el tiempo se cumplió y el joven regresó. Ansiosa, la iglesia le daría la bienvenida a aquel joven muchacho y escucharía los testimonios de sus luchas y padecimientos como cristiano. Sin dudas habría dejado el nombre de Cristo puesto bien en alto...

Cuán grande fue la sorpresa que ante la curiosa pregunta de sus hermanos de la fe, el joven contestó: «¡No tuve problema alguno, ni siquiera se dieron cuenta de que era cristiano!»

Cuántos cristianos viven una vida de principios y testimonios tan mediocre que los que están a su lado jamás imaginarían lo que realmente son. Por eso Dios nos llama a una vida de santificación diaria. Limpia tu vida cada día de las escorias que te han ensuciado.

LA SANTIDAD ES UN ESTILO DE VIDA Y DE CONDUCTA QUE AGRADA A DIOS

Cuando uno se consagra a Dios entonces el pecado ya no

es más una opción, sino que la única opción es caminar de la mano del Señor y hacer su voluntad.

La vida de los discípulos llenos del Espíritu Santo es un ejemplo para nosotros. Ellos estaban expuestos ante los demás y todos podían observar su estilo de vida. No había zonas grises. De la misma manera, en nuestras vidas no debe haber zonas grises, sino que la santidad pueda ser para nosotros un estilo de vida cotidiano.

En el Nuevo Testamento vemos que la santidad era un estilo cotidiano de vida. Pablo comprendió esto, y entonces pudo transmitirlo también a los demás cuando les dijo: *Por lo demás, hermanos, os rogamos y exhortamos en el Señor Jesús, que de la manera que aprendisteis de nosotros cómo os conviene conduciros y agradar a Dios, así abundéis más y más. Pero ya sabéis qué instrucciones os dimos por el Señor Jesús; pues la voluntad de Dios es vuestra santificación; que os apartéis de fornicación; que cada uno de vosotros sepa tener su propia esposa en santidad y honor; no en pasión de concupiscencia, como los gentiles que no conocen a Dios; que ninguno agravie ni engañe en nada a su hermano; porque el Señor es vengador de todo esto, como ya os hemos dicho y testificado. Pues no nos ha llamado Dios a inmundicia, sino a santificación. Así que, el que desecha esto, no desecha a hombre, sino a Dios, que también nos dio su Espíritu Santo* (1 Tesalonicenses 4.1-5).

En este texto podemos ver varios aspectos importantes acerca de la santidad.

En primer lugar, el cristiano es un ejemplo. Ser cristiano es un estilo de vida. El apóstol decía que ellos debían imitar su ejemplo. Que otros puedan imitar lo que ven en nuestras vidas.

En segundo lugar, la voluntad de Dios es la santificación. Santificación no es tener una pose extraña o hacer ver una imagen determinada, sino separar nuestro corazón de las cosas que todo el mundo practica como algo normal, y que en realidad son pecados y ofenden a Dios. Debemos tener celo y pasión para las cosas de Dios. Que podamos sentir que lo que hacemos no es porque alguien nos mira, o por dar una imagen de que somos alguien consagrado, mejor que otros.

Que todo lo que hagamos sea consecuencia de sentirnos totalmente atraídos por el amor de Jesús, atraídos por su presencia. Él pagó el precio por nosotros y solamente en él encontramos la paz, el gozo, la esperanza y todo lo que necesitamos. Que podamos estar desesperados por la unción, desesperados por la santidad, desesperados por tener más de él en nuestras vidas. Los demás tienen que ver en nosotros que somos diferentes a otros, pero no en una forma externa como los hipócritas, sino con un estilo distinto de vida, una forma de ser singular, una forma de actuar incomparable.

El tercer aspecto importante que menciona Pablo es que Dios no te ha llamado a inmundicia, sino a santificación. Para vivir en santidad es necesario escuchar su llamado y buscarlo. Es ir al monte, es buscar su presencia. No le tengas miedo, no te escapes. Allí Dios quiere revelarse a tu vida, quiere fortalecerte y luego usar tu vida como un instrumento útil en sus manos. Te fortalecerás en el poder de la comunión, porque cuando sientas la presencia del Señor, todas tus tristezas quedarán atrás, y él sanará todos tus temores y amarguras.

Es posible alcanzar la santificación y vivirla de forma real. Esta le traerá paz a tu corazón, justicia y gozo en el Espíritu

Santo. No te acomodes a una vida religiosa. Dios quiere que te acerques a él, para que pueda imprimir el temor de Jehová en tu corazón. No escondas nada delante de Jesús. Abre tu corazón, porque él quiere revelarte cuántas cosas tiene para ti.

Este fue el caso de un joven empleado en una escribanía:

«Tuve el regalo de Dios de crecer en un hogar donde desde muy pequeño, mis padres me enseñaron la Palabra de Dios y me llevaban a la iglesia. Siendo aún un niño entendí que Dios me estaba llamando, y recibí a Jesús en mi corazón como mi Señor y Salvador. Estudié, me gradué y después de una larga búsqueda, por fin encontré mi primer trabajo en una escribanía. Al principio me encargaban tareas menores, pero al ir conociéndome y ver mi conducta en el trabajo me dieron nuevas y mejores oportunidades. Cierto día uno de mis jefes, me pidió que le ayudara y atendiera los teléfonos, dado que la telefonista había faltado porque estaba enferma. A los cinco minutos entró la llamada de una persona que quería hablar con él, y me jefe me pidió que le dijera que no estaba ... por un momento tuve un conflicto en mi corazón, pero entendí que aquello era mentir por lo cual entré en su despacho y le dije: «Discúlpeme, pero yo soy cristiano y no puedo mentir, si usted me permite y si está muy ocupado para atenderlo ahora, le diré que por favor llame en otro momento.»

Sabía que lo que estaba haciendo podía significar que me echaran, pero oré al Señor y confié en él. Pocos minutos después me entregó una suma importante de dinero y me pidió que fuera al banco a pagar unas cuentas. Según lo que me había dicho, el dinero estaba exacto. Cuando fui al banco e hice todos los pagos me sobraron más de cien pesos ... por un instante sentí que el enemigo me dijo: «Puedes quedarte con el vuelto, total tu jefe piensa que el dinero que te dio fue exacto». Varias veces le pregunté al cajero del banco si había contado bien el dinero y él me lo confirmó. Cuando volví a la escribanía fui directo a la oficina de mi jefe y le expliqué la situación, haciéndole entrega del vuelto que tenía en mi poder ... Me miró por unos instantes y luego dijo: «"Veo que realmente eres un cristiano comprometido, no como otros que hemos tenido y que nos han robado y mentido. Desde hoy vas a ser mi secretario personal y te aumentaremos el sueldo porque hemos encontrado una persona en la cual podemos confiar"».

La santidad es un estilo de vida que debe trasladarse a las acciones y decisiones de cada día. No es simplemente agradar a Dios cuando nos conviene; muchas veces deberás arriesgarte por Dios, y él te respaldará. ¿Estás dispuesto a trasladarlo a una conducta de vida cotidiana?

CAPÍTULO

LA SANTIFICACIÓN COMIENZA EN LA MENTE

«Porque los que son de la carne piensan en las cosas de la carne; pero los que son del Espíritu, en las cosas del Espíritu. Porque el ocuparse de la carne es muerte, pero el ocuparse del Espíritu es vida y paz. Por cuanto los designios de la carne son enemistad contra Dios, porque no se sujetan a la ley de Dios, ni tampoco pueden».

(Romanos 8:5-7)

HAY UN ASPECTO PRINCIPAL EN LA VIDA DE TODO cristiano, desde donde comienza la obra santificadora: se trata de la «mente». Imagínate por unos instantes la batalla que Naamán tuvo que afrontar y soportar en su mente.

Las batallas que tenemos que enfrentar comienzan en nuestra mente. La mente es un espacio permanente de conflicto, conflicto con vivencias del pasado, del presente, conflicto con temores, tentaciones, debilidades, luchas y muchas áreas más. Es en la mente donde el diablo intenta avanzar en tu vida y establece argumentos que debes derribar, que la Biblia llama fortalezas.

LA MENTE DEL HOMBRE NATURAL

Hay dos pasajes que nos hablan del pensamiento del hombre que no conoce a Cristo; los encontramos en el libro de Romanos: *«Y como ellos no aprobaron tener en cuenta a Dios, Dios los entregó a una mente reprobada, para hacer cosas que no convienen; estando atestados de toda injusticia, fornicación, perversidad, avaricia, maldad; llenos de envidia, homicidios, contiendas, engaños y malignidades; murmuradores, detractores, aborrecedores de Dios, injuriosos, soberbios, altivos, inventores de males, desobedientes a los padres, necios, desleales, sin afecto natural, implacables, sin misericordia (1:28-31); «Pues habiendo conocido a Dios, no le glorificaron como a Dios, ni le dieron gracias, sino que se envanecieron en sus razonamientos, y su necio corazón fue entenebrecido»* (Romanos 1:21).

Esta es la descripción de Dios en cuanto al hombre natural, el hombre que no recibió a Cristo en el corazón, y que piensa y actúa conforme a sus pensamientos carnales, mundanos.

Los pensamientos del hombre se han envanecido de tal manera que no responden a Dios. El ser humano trata de justificar, de explicar, de excusarse permanentemente.

Pero el problema de la mente de algunos cristianos es que muchas veces decide recibir a Jesucristo, entiende la verdad que se le explica en la Biblia y quiere caminar en plena obediencia, pero se encuentra con sus propias limitaciones, y entonces fracasa. Es importante comprender que lo que se sabe en la mente, es decir el conocimiento, no siempre se logra aplicar en la vida cotidiana, en la práctica. Esto nos enseña claramente que hay una crisis entre lo que el hombre entiende y conoce, y entre lo que el hombre puede vivir y experimentar.

Este conflicto lo atraviesan aún hoy muchos cristianos; no es que no entienden que están mal el orgullo, la ira, la maldad, los celos, la desunión, los malos pensamientos, el pecado ... sino que no tienen la autoridad para dominar esos pensamientos y para aplicar la verdad de las Escrituras a su mente y a su corazón.

Las personas tratan permanentemente de razonar y de entender al Señor por medio de su mente carnal, y comienzan a limitarlo a través de sus propios razonamientos.

La Palabra de Dios nos enseña que esa clase de pensamientos es enemistad contra Dios, ya que se trata de pensamientos vanos, de orgullo, pensamientos que tratan de juzgar la palabra de Dios, cuestionar sus mandamientos. ¿Por qué?

Porque la persona no sujeta sus pensamientos a la obediencia a la Palabra, sino que trata de autojustificarse, y en ocasiones termina en un conflicto con Dios. Se envanece, se rebela en contra de la voluntad del Señor.

Muchos cristianos están en ese conflicto. Aunque no lo demuestran a través de sus palabras, podemos verlo por su falta de consagración, sus actitudes, sus gestos, su forma de proceder. Como están en conflicto, no entienden al Señor ni pueden obedecerlo.

Es triste llegar a observar que algunos ni siquiera se dan cuenta de cuál es su verdadero conflicto, y de que se les nota en el exterior lo que les sucede en el interior. Se definen a sí mismos como cristianos verdaderos y comprometidos, pero su testimonio dista mucho de dicha proclamación.

Por esta razón deberías preguntarte: ¿cuál es mi postura frente a la Palabra de Dios? ¿Soy capaz de aceptar el consejo, la exhortación, la corrección de Dios? ¿Qué ven los demás en mí? ¿Cómo soy en el trato con mis semejantes?

Ocupémonos de las cosas del Espíritu

Es interesante ver lo que el libro de Romanos nos dice acerca de la importancia que tiene ocuparse de las cosas del Espíritu: «*Porque los que son de la carne piensan en las cosas de la carne; pero los que son del Espíritu, en las cosas del Espíritu. Porque el ocuparse de la carne es muerte, pero el ocuparse del Espíritu es vida y paz. Por cuanto los designios de la carne son enemistad contra Dios, porque no se sujetan a la ley de Dios, ni tampoco pueden*» (8:5-7). La vida cristiana significa ocuparse del Espíritu y no de la carne.

Todo lo que escuchas, lo que ves, lo que afecta tu entorno, esas son las cosas que alimentan tu mente. Muchos de los pensamientos que has permitido que lleguen a ella han generado una crisis de obediencia que te han confrontado con Dios. Cuando uno peca en ciertas áreas, lo que evidencia es que está enemistado con Dios, o lo confronta por alguna cuestión que no entiende por qué le ha tocado vivir.

Si te pasas el día leyendo revistas de modas, entonces comenzarás a beber del espíritu del mundo de la moda. Si tu mente se alimenta de publicaciones obscenas, obviamente tendrás serios conflictos internos con malos pensamientos y perversidad. Aquello que permites entrar en tu mente y corazón te será de bendición o de maldición. Por ello es muy importante que definas qué cosas son las que te gustan, de manera que puedas comprender el poder de influencia que generan sobre ti.

¿Son los ídolos, la moda, las revistas, la televisión...? ¿Qué representan para ti? ¿Son tu parámetro, tu ejemplo a seguir?

Sabemos que a la larga aquellos que optaron por esta clase de ejemplos y motivación se encontrarán con la frustración.

¿Qué quiero decirte a través de estos conceptos? Que hay algo que provoca tu rebeldía, hay algo que provoca tu frialdad, hay algo que provoca tu apatía espiritual, y la razón principal es que te ocupas de las cosas de la carne en lugar de ocuparte de las cosas del Espíritu.

Si te ocupas de la carne, si miras cosas que no tienes que mirar, si escuchas cosas que no debes escuchar, si lees cosas que no deberías leer, todo eso influye en ti y genera una puerta abierta en tu mente.

Pero si, en cambio, te ocupas del Espíritu y pasas tiempo orando, leyendo la Biblia, alabando a Dios, sirviéndole, hablando cosas que te edifican, entonces tendrás paz, gozo y unción.

Permite que tu mente reciba una información santa, pura, limpia, no contaminada, a través de la Palabra de Dios.

TENER LA MENTE DE CRISTO

Nuestro gran problema con la mente es que no se sujeta a la Palabra, y por ello cada día debemos renovarla, debemos consagrarla más al Señor. No basta con una zambullida...

La Escritura nos enseña que debemos ocuparnos de que la mente piense lo correcto: para ello debemos alimentarnos de la Palabra de Dios.

Se trata de sujetar los pensamientos a la obediencia a Cristo. Pero, ¿cómo?

La clave es comenzar a recomponer nuestros pensamientos y afectar nuestra mente a través de la Palabra de Dios. Debemos discernir la clase de información que hacemos llegar a la mente y que nos hace daño. La consagración es detener, cortar todo lo que genera que nuestra mente se desborde y se oponga a las cosas del Espíritu, y permitir que esta comience a entender las verdades de Dios.

Es una cuestión de alimentación e influencia lo que determinará nuestra forma de pensar. Si tienes serios conflictos con tu mente, pensamientos impuros, rebeldía ... entonces debes ocuparte de llevar a tu mente la mayor cantidad posible de la Palabra de Dios, la mayor cantidad de tiempo en la presencia de Dios, la mayor cantidad de tiempo escuchando música cristiana. Debes restaurar y restituir en ti una mente sana, con principios, valores y actitudes sanas.

¿Qué dirán los demás de ti?

Muchos no podrán comprenderte, pensarán que te has vuelto loco. Otros te acusarán de ser una especie de fanático, pero no es así. Estarás generando el antídoto necesario a fin de que tu mente y pensamientos se restauren. *«Por sus frutos los conoceréis»*, dijo Jesús. Cuando el testimonio genuino y verdadero sea evidente, aun los que están a tu alrededor serán testigos del cambio y desearán lo que tú tienes: *«la mente de Cristo»*.

Donde el diablo va a atacarte es en la mente. Y es allí donde justamente le abres la puerta y donde logrará detenerte cuando le des el espacio suficiente para que actúe en tus pensamientos. Es como una pequeña abertura por la cual el enemigo trata de infiltrar sutilmente sus argumentos, figuras, imágenes, palabras, pensamientos ... que desestabilizan espiritualmente a la persona. Una imagen de algo que has visto inmediatamente puede desacomodar tu espíritu para el resto del día. Somos personas influenciables, y el enemigo lo sabe.

Los problemas de adulterio, fornicación y pornografía, comienzan a producirse primero cuando la persona alimenta su mente con cosas negativas a través de películas, videos, Internet y revistas. Al recibir el estímulo, juega con sus pensamientos y comienza a justificar sus acciones. Está a un paso de llevarlo a hechos y acciones. ¡Guarda tu mente, lo que piensas! Aquello con lo cual te alimentas generará que determines el curso de acción. ¡Huye!

Hoy Dios te llama a romper y a vaciar tu casa de aquellas cosas que sabes que son dañinas, pecaminosas, sucias. Ya es hora de que te deshagas de esos videos indecentes e inmorales, de que quites todo aquello que genera que tu mente quede expuesta a lo impuro, ya sea por televisión, por revistas, objetos, ídolos, fotos, cartas, libros... Ya es hora de que decidas incluso la clase de influjo que vas a permitir que tengan sobre tu vida aquellas amistades que sabes que te llevan por caminos equivocados, que practican el pecado, que te presionan e influyen negativamente en ti.

Es hora de tomar decisiones que produzcan un verdadero cambio en ti. Tus pensamientos como cristiano deben ser puros, santos, sin dobleces.

Muchos me han dicho: «Pastor, pero aun así, sigo luchando y no sé qué hacer».

El problema es que, pese a que conocen esta verdad, comienzan a tambalearse porque no huyen de la tentación, juegan con los límites para ver hasta dónde pueden avanzar sin caer en el pecado.

¡Tienes que darte cuenta de que estás jugando con fuego! Para el enemigo esto no es un juego, él ha trazado un plan y una estrategia para procurar derribarte.

Tienes que romper con todo aquello que es negativo para tu mente, que te lleva al pecado, a alejarte de Dios, a cuestionar su Palabra, a transgredir sus mandamientos.

La mente carnal es la mente que está enemistada con Dios. Cuando uno no permite que la mente, que es el lugar donde el Señor quiere asentar sus pensamientos y sus palabras, responda a Cristo, entonces esta se transforma en un caldo de cultivo y en una fuente de corrupción.

Es en la mente y en los pensamientos donde empiezan a torcerse las personas que son llevadas a diferentes inclinaciones, fuera de los propósitos y de la Palabra de Dios.

En 1 Corintios 2:16 se nos dice: *«Mas nosotros tenemos la mente de Cristo»*. Cuando somos salvos adquirimos la mente de Cristo. Es necesario que nos ocupemos de que nuestra mente sea recubierta y santificada por la Palabra de Dios: *«Santifícalos en tu verdad; tu palabra es verdad»* (Juan 17:17).

Cuando comienzas a tener la mente de Cristo te despojas de los pensamientos de temor, de desánimo, de pensamientos pervertidos, obscenos, sucios, e incorporas los pensamientos de Cristo. Son los pensamientos de Cristo los que van a echar los argumentos que el diablo ha puesto en tu mente.

Al leer la Biblia arrojas a las fortalezas del enemigo la suficiente cantidad de materiales para que caiga todo lo que el diablo ha levantado, y se instalen en tu vida la fe, la visión de Cristo.

Naamán recordó la palabra que le había dado el profeta Eliseo, estaba en su mente, y esto le dio convicción y fortaleza suficientes para continuar. Tuvo que tomar la victoria sobre sus pensamientos y ponerlos bajo la palabra que Dios le había dado.

Rodeémonos de personas espirituales

La persona que está consagrada tiene que ir de la mano de otro consagrado. En el momento en que batallas con la tentación y sientes que suena la campana que te indica que estás en peligro y que no puedes solo, lo primero que tienes que hacer es llamar a tu hermano en la fe, alguien que te entienda, que te ame y a quien puedes confesarle lo que te sucede, alguien crecido y espiritual que pueda ayudarte.

Cuando hablamos de alguien que te ayude, no estamos refiriéndonos a alguien súper espiritual, ni a ningún prócer. Algunos tienen próceres a los que sacan lustre, pero son los próceres que les hicieron daño en la vida. Dios quiere romper con esas imágenes, esas personalidades nefastas que se te cruzaron en el camino y te dañaron. Él te dice: «Derriba tus próceres y levanta a Jesucristo, el Hijo del Dios viviente».

Cada argumento carnal trae como consecuencia acciones que muchas veces lastiman y afectan a otros. Por ello es tan importante que puedas tener confianza con alguien y confesar lo que te sucede.

Un paso clave de la santidad es poder ser lo suficientemente abiertos como para hablar de nuestras debilidades y luchas. Cuando confiesas lo que te pasa, la lucha se irá, porque la luz de Cristo entrará y las tinieblas se disiparán.

Naamán luchó en su mente contra todo aquello que le pasaba, su expectativa era otra, en su mente se proyectó «la película», una fantasía de aquello que pensaba que iba a acontecer. No sucedió así y casi lo abandona todo.

Sin embargo, pese a su enojo y desilusión, tuvo una actitud suficientemente abierta para oír lo que sus criados querían decirle, y los escuchó.

La persona espiritual cuida lo que Dios le ha dado, es sensible, simple, humilde, entiende sus limitaciones y tiene como estilo de vida vivir en luz, en transparencia. No acumula pecados, sino que abre su corazón a la luz de Dios. Su corazón es humilde y puro, y no tiene problemas a la hora de rendir cuentas.

Cuando hablamos de consagración, de altar, de volver a Dios, de reconocer nuestros propios pecados, nos referimos a acciones concretas que vivimos de una manera práctica y cotidiana.

La persona santificada no se comporta de una manera extraña, sino que simplemente no guarda cosas en su mente y corazón. Cuando le pasa algo, lo confiesa. Para ella la santidad pasa a ser un estilo de vida cotidiano, que aborrece las cosas que Dios aborrece.

Es allí donde comenzamos a dejar atrás nuestro pasado y tomamos la victoria. Es donde comprendemos que Dios quiere que nos olvidemos de lo que pasó ayer y nos extendamos a lo que está por delante. Nuestro pasado de vergüenza y de dolor queda limpio por la sangre que Cristo derramó en la cruz por nosotros.

Es allí donde se cumple el propósito de Dios: que seamos diferentes, hombres y mujeres con vidas de testimonio y bendición. Es donde entendemos que no podemos conformarnos y rendirnos a las circunstancias y permitir que el pecado nos siga dañando y destruyendo. Es donde Dios nos eleva a un mayor nivel espiritual. ¡Tenemos que diferenciarnos del mundo!

Decide seguir a Jesús y no te conformes hasta llegar a la medida, a la estatura de la plenitud de Cristo. Recuerda lo que dijo el profeta Jeremías: *«Lava tu corazón de maldad, oh Jerusalén, para que seas salva. ¿Hasta cuándo permitirás en medio de ti los pensamientos de iniquidad?»* (4:14).

El Señor te llama a marcar la diferencia, a no conformarte, a no amoldarte a los chistes de doble sentido, a la forma de vida del mundo; te llama a vencer aquellos pensamientos sucios que te perturban y dañan tu identidad. ¡Consagra tu mente en las manos del Señor!

Examina tu corazón...

- ¿Estás dispuesto a vivir cotidianamente en santidad y pureza?
- Muchas veces te verás frente al gran desafío de tener que renunciar a cosas a las cuales el mundo llama «bueno» y que en realidad no lo son. ¿Estás dispuesto a marcar la diferencia poniendo en primer lugar a Dios?

Tu carácter rebelde, tu falta de sujeción y rendimiento a la voluntad de Dios te llevan por caminos equivocados de dolor y sufrimiento. Es necesario cambiar.

- ¿Te das cuenta de que santidad no es igual a «religiosidad», que la santidad es un estilo de vida, principios, conductas, valores?
- ¿Cuántas veces has tratado de justificar tus derrotas, tu mal carácter...? Hoy Dios te llama y te pregunta: ¿Estás dispuesto a cambiar tu forma de pensar?, ¿quieres ver las cosas como Dios las ve?

La gente que hay a tu alrededor ha influido en ti enormemente. Muchas veces has intentado quedar bien con ellos, antes que con Dios. Es tiempo de invertir las prioridades. ¡Agrada a Dios primero, y todos a tu alrededor serán bendecidos por la influencia que ejercerás en ellos!

Ora conmigo y pídeselo al Señor:

«Señor Jesús, hoy reconozco, que mi forma de pensar es errónea muchas veces. Cambia mi mente y mi corazón. Hoy renuncio a todos aquellos pensamientos sucios, de pecado, de envidias, celos, maldad.

Renuncio a la perversión y recibo la limpieza y purificación de todo mal pensamiento en mi vida.

¡Jesús, dame la victoria!

Quiero vivir un estilo de vida diferente, que te agrade a ti en todo.

Ya no quiero justificar mis errores, echándoles la culpa a otros. Hoy quiero reconocerlos ante tu presencia y confesarlos. ¡Enséñame el camino por el que debo andar!

Que mi vida sea un ejemplo para los demás. Enséñame a hacer el bien y quita de mi corazón toda maldad.

Te alabo Padre, pues sé que tú nunca me vas a defraudar ... en el nombre de Jesús. ¡Amén!»

Tercera Zambullida

CUANDO ENTRES EN CRISIS, ALIMÉNTATE DE LA PALABRA DE DIOS

Llegamos así a la tercera zambullida. Naamán ya estaba ansioso: «¿Qué va a ocurrir? ¿Será real lo que me dijo el profeta?» Tanto en la primera como en la segunda zambullida, al salir del agua no había ninguna señal ni indicio de mejoría. La duda, el temor, la ansiedad, seguramente trataron de apoderarse de él. Pero Naamán recordó las palabras que Dios le había dado y entendió que aún no había llegado a la séptima zambullida. Así que fue y se sumergió nuevamente.

¿Qué actitud tomamos nosotros cuando parece que no sucede nada?

No son pocos los que han sucumbido frente al desánimo y la incertidumbre.

¿Qué cosas son las que nos sostienen en ese momento? ¿Es posible vencer el desánimo?

Naamán supo sobreponerse y se sumergió nuevamente. Te invito a que te sumerjas en esta tercera zambullida.

CAPÍTULO 5

LA PALABRA DE DIOS CUMPLE UNA FUNCIÓN FUNDAMENTAL EN LA SANTIFICACIÓN

«Santifícalos en tu verdad, tu palabra es verdad».
(Juan 17:17)

LA PALABRA DE VERDAD

LA PALABRA DE DIOS CUMPLE UNA FUNCIÓN FUNDAMENTAL en el proceso de la santificación. La consagración conlleva un cambio de actitud hacia las Escrituras. Es en ellas donde se revela el plan, la voluntad y el propósito de Dios para nuestras vidas.

Cuando uno se acerca a la Palabra de Dios, ella genera un cambio en nuestro razonamiento y va cambiando nuestra mente y nuestros pensamientos. Quizás veamos la misma realidad, pero desde una óptica totalmente diferente.

Verás la realidad que te rodea, la situación que te agobia, tu familia, trabajo, estudio ... como Dios lo ve.

¿Cómo logras esto? ¿Qué tienes que hacer para que sea una realidad en tu vida?

Es importante que comprendas que la santificación no solamente se produce a través de la consagración, sino también a través de la meditación en la Palabra de Dios. Jesús dijo: «*Santifícalos en tu verdad, tu palabra es verdad*» (Juan 17:17). Es decir, que uno de los elementos fundamentales en el proceso de lo que significa la santificación es la Palabra de Dios. «*Conoceréis la verdad, y la verdad los hará libres*» (Juan 8:32).

Naamán solo tenía una palabra de la cual agarrarse, pero esta era suficientemente poderosa para sostenerlo en todo el proceso rumbo a la purificación, a la limpieza de su lepra.

¡Agárrate de la Palabra de Dios!

La palabra imprime la presencia de Dios en tu corazón

Podemos ver a lo largo de la Biblia las ocasiones en que el Señor llama al pueblo a volver a su Palabra. Lo que moldea, lo que imprime la presencia de Dios en nuestros corazones es su Palabra. Es importante que captemos esto y asegure-mos la verdad de Dios en nuestras vidas, como un tesoro especial. En Romanos 10:17 leemos: «*Así que la fe es por el oír, y el oír, por la palabra de Dios*».

Un ejemplo claro de la influencia de la Palabra de Dios en la vida de un hombre la hallamos en el rey Josías (2 Reyes 21-23). Este rey solamente tenía ocho años cuan-do comenzó a reinar. Su celo por buscar la presencia de Dios marcó su vida.

Siendo un muchacho comenzó a imitar y a seguir los pasos de David, de quien se dice que era «su padre», cuan-do en realidad ya habían transcurrido varias generaciones y su verdadero padre era Amón, que había hecho lo malo ante los ojos de Jehová.

Esta expresión «*su padre*» nos habla del espíritu y del carácter que en realidad transmitía y reflejaba Josías. El ejemplo que tomaría era el de David; su anhelo ferviente era agradar y obedecer a Dios como lo había hecho ese gran poeta y rey.

En 2 Crónicas, capítulo 34 se narra la historia de lo que aconteció cuando, durante el reinado de este joven que amaba al Señor, fue hallado el libro de la ley de la casa de Jehová, que se había perdido.

Tal fue el efecto de aquellas palabras que leyó, que el rey rasgó sus vestidos y se humilló ante Dios de todo corazón. Mandó a escudriñar y estudiar las Escrituras, porque entendía que «*la ira de Jehová ha caído sobre nosotros, por cuanto nuestros padres no guardaron la palabra de Jehová, para hacer conforme a todo lo que está escrito en este libro...*» (2 Crónicas 34:21).

Poco después leemos lo que Dios dice acerca de la actitud de Josías (vv. 26-27): «*Jehová el Dios de Israel ha dicho así: Por cuanto oíste las palabras del libro, y tu corazón se conmovió, y te humillaste delante de Dios al oír sus palabras sobre este lugar y sobre sus moradores, y te humillaste delante de mí, y rasgaste tus vestidos y lloraste en mi presencia, yo también te he oído, dice Jehová*».

Sin duda, la palabra de Dios imprime un cambio profundo en la persona que tiene un corazón humilde, receptivo, sensible a su voz. A raíz del efecto que produjo la Palabra en la vida de Josías, la presencia de Dios vino de forma poderosa sobre él, y Dios escuchó su clamor.

¿Qué efecto produce la Palabra de Dios en tu vida?

¿Te has detenido a pensar y evaluar tus caminos a la luz de lo que nos enseña su ley?

Dios quiere imprimir hoy su presencia en tu corazón a través de su Palabra.

Cuando a tu alrededor todo es confusión, temor y angustia, solo la Palabra de Dios tiene el poder de sostenerte y ayudarte a salir. ¡Su palabra es poderosa!

LA PALABRA TE LIBRA DE SER AVERGONZADO

El salmista afirmó: *«Entonces no sería yo avergonzado, cuando atendiese a todos tus mandamientos»* (Salmo 119:6). Este pasaje nos enseña que si no le prestamos la debida atención a la Palabra, esto podría provocar y generar situaciones en la vida donde seremos avergonzados, y luego nos lamentaremos por hacerlo.

Avergonzado en hebreo significa «pasar situaciones embarazosas». Jesús te asegura que si lo obedeces, si te consagras y atiendes a sus mandamientos, evitarás momentos donde podrías ser avergonzado.

El pecado nos abochorna, nos humilla, nos quiere llevar a lo más bajo. El enemigo desea ponerte en ridículo, pero Dios quiere que nunca quedes abochornado. El pecado siempre lleva al hombre a la denigración; pero Cristo y sus mandamientos lo llevan a vivir en victoria.

Satanás quiere ridiculizarte.

Ignorar la Palabra de Dios, desconocer sus mandamientos o, lo que es peor aún, menospreciarlos y no aplicarlos a tu vida, te llevará a una vida cristiana sellada por la mediocridad y la tibieza.

En la versión de la Biblia Dios habla hoy, leemos en el pasaje de Apocalipsis 3:15-18 lo siguiente: *«Yo sé todo lo que haces. Sé que no eres frío ni caliente. ¡Ojalá fueras frío o caliente! Pero como eres tibio, y no frío ni caliente, te vomitaré de mi boca. Pues tú dices que eres rico, que te ha ido muy bien y que no te hace falta nada; y no te das cuenta de que eres un desdichado, miserable, pobre, ciego y desnudo. Por eso te aconsejo que de mí compres oro refinado en el fuego, para que seas realmente rico; y que de mí compres ropa blanca para vestirte y cubrir tu vergonzosa desnudez, y una medicina para que te la pongas en los ojos y veas».*

Uno de los mayores problemas que aquejan al cristiano tibio es su falta de visión. Su perspectiva acerca de su vida como cristiano parece ser la óptima: «Los domingos voy a la iglesia, leo la Biblia, oro todos los días ... realmente Dios debe estar muy conforme con mi vida... ¡Soy un buen cristiano!».

¿Es que tu vida cristiana se limita a estos aspectos únicamente? La respuesta es: ¡no!

¿Qué pasa en tu corazón y en tu mente? ¿En qué piensas y meditas cuando estás a solas? ¿Cómo es tu trato con tu familia, en tu trabajo, en tu vecindario...?

Al no ver nuestra condición, quedamos expuestos a la vergüenza. Sin embargo, hay un punto aún más crítico que es el de aquella persona que ha perdido toda sensibilidad y ya no tiene vergüenza. Si bien escuchas la Palabra, la lees, quizás aun la estudias ... pero ¿la practicas?

Jeremías 6:15 dice: «*¡Debería darles vergüenza de hacer esas cosas que no soporto! Pero no, no sienten vergüenza, ¡ya ni saben lo que es avergonzarse! Por eso, cuando yo los castigue, tropezarán y caerán como los otros. Yo, el Señor, lo digo*».

¿Cómo puedes evitar caer en vergüenza y descrédito?

Lee la Palabra, conoce la Palabra y aplica la Palabra. Ella cumple un rol fundamental en el proceso de santificación en tu vida.

La Palabra te muestra la voluntad de Dios

La Biblia nos habla de la capacidad de Dios para guiarte en los pasos que das. Esto lo describe claramente el libro de los Salmos en el capítulo 119:105 *«Lámpara es a mis pies tu palabra, y lumbrera a mi camino»*.

El poder de la Palabra es para el momento presente y también para el porvenir. Por medio de su Palabra, Dios te asegura que tus caminos serán guiados en el presente, pero también en un futuro. Es interesante ver lo que dice en Proverbios 3:6: «Reconócelo en todos tus caminos, y él enderezará tus veredas». Esto es como tener una antorcha, pero también un gran reflector; es decir, la capacidad de ver el presente, pero también de ver más allá.

Jesús te revela, te muestra su voluntad y te orienta a través de la Palabra, para que tus caminos y tus veredas no sean torcidos, ni sean caminos de equivocación, sino que puedas caminar en la perfecta voluntad de Dios.

Naamán había intentado de todo; sin embargo, la enfermedad continuó y el proceso de deterioro aumentaba día a día. Él estaba dispuesto a encontrar la salida a su enfermedad, aunque la dirección que buscó en un principio no era la correcta.

Lo mismo ocurre hoy con muchas personas. Se esfuerzan, buscan la salida, lo intentan ... pero si el fundamento, la base, es la equivocada, el resultado será justamente aquello que no desean.

Debemos conocer aún mucho más la Palabra de Dios. Las Escrituras dicen: *«Mi pueblo fue destruido, porque le faltó conocimiento»* (Oseas 4:6).

Naamán tampoco conocía ni sabía, hasta que alguien le dijo. Dios usó a una humilde sirvienta para mostrarle a este hombre poderoso el camino correcto.

Hay personas que Dios ha puesto a tu alrededor que serán instrumentos de bendición para tu vida. Son aquellos que hablan de parte de Dios, que lo conocen, que obedecen su Palabra. Son personas que ejercen influencia con la Palabra.

Es precisamente allí, donde Dios puede tomar esa palabra y comenzar en tu vida el proceso de cambio.

Cuando Dios influye en ti y afecta tu vida positivamente, no solo te bendice en el presente, sino que te da la plena certeza y el gozo de que él transitará todo el camino contigo. En cada paso y en cada decisión que debas tomar, estarán presente la sabiduría y la palabra de Dios. El salmista experimentó esto mismo cuando dijo: «*La ley de Jehová es perfecta, que convierte el alma; el testimonio de Jehová es fiel, que hace sabio al sencillo. Los mandamientos de Jehová son rectos, que alegran el corazón; el precepto de Jehová es puro, que alumbra los ojos. El temor de Jehová es limpio, que permanece para siempre; los juicios de Jehová son verdad, todos justos. Deseables son más que el oro, y más que mucho oro afinado; y dulces más que miel, y que la que destila del panal*» (Salmo 19:7-10).

LA PALABRA INFLUYE EN TU CONDUCTA

¿Alguna vez te has topado con alguna persona furiosa, indignada por haber tenido que enfrentar una gran injusticia? ¿Cuál es su reacción?

Perdón, permíteme hacerte esta pregunta: ¿cuál es tu reacción frente a las injusticias, a la adversidad, a los problemas?

Jesús fue un ejemplo claro en todo. No abrió la boca, no maldijo, solo perdonó y bendijo aun a los que lo estaban condenando y lo hacían sufrir. ¡Qué ejemplo tan sublime de un carácter transformado, lleno de amor y compasión en el momento más duro y difícil!

¿Por qué pudo actuar así? Se sostuvo en la Palabra.

Que sea la meditación en la Palabra de Dios un momento importante de reflexión para ti.

Si escuchas lo que Señor tiene que decirte, tu carácter y tu temperamento serán transformados. Pero si no escuchas la Palabra, entonces permitirás que te influyan el mundo y su visión. Lo que el mundo considera normal e importante, Dios lo denuncia en su Palabra. El pensamiento de Cristo ya quedó registrado en su Palabra. Por eso tenemos que sujetarnos a ella, porque es lo que produce en nosotros vida y paz.

Es importante que puedas amar las Escrituras y meditar en ellas, para ser conforme a lo que se nos revela en ellas. Las Escrituras te muestran los parámetros en los cuales el Señor quiere que te muevas en todos los órdenes de la vida cotidiana. Dios te dará sabiduría y gracia especiales para entender su Palabra. Al estar expuesto a las Sagradas Escrituras, comprenderás lo que está bien y lo que está mal. El camino se te hará más claro que la luz del sol en pleno día. Conocerás lo que Dios tiene preparado para ti, experimentarás su poder y su amor, su presencia te llenará.

El motivo por el cual muchos experimentan una tristeza profunda, es simplemente por haberse alejado de lo que dice la Biblia.

El Salmo 1:1-3 expresa: *«Bienaventurado el varón que no anduvo en consejo de malos, ni estuvo en camino de pecadores, ni en silla de escarnecedores se ha sentado; sino que en la ley de Jehová está su delicia, y en su ley medita de día y de noche. Será como árbol plantado junto a corrientes de aguas, que da su fruto en su tiempo, y su hoja no cae; y todo lo que hace, prosperará».*

LA PALABRA CAMBIA TU MENTE CARNAL POR UNA MENTE ESPIRITUAL

La Palabra de Dios es poderosa para santificarte y cambiar tu mente carnal por una mente espiritual. Memorizar y meditar en la Palabra produce vida, paz y libertad. Echa el temor afuera, y las enfermedades tienen que huir. El Señor pondrá su Palabra en ti, y esta permanecerá para siempre. Jesús dijo: «*El cielo y la tierra pasarán, pero mis palabras no pasarán*» (Mateo 25:35).

La santificación hace que la Palabra de Dios comience a prevalecer en tu mente. Cuando comienzas a pensar más en los textos bíblicos que en las cosas que pensabas antes; cuando piensas más en el perdón que en el odio, cuando piensas más en dar que en recibir, quebrarás ese espíritu de egoísmo. Aprenderás a dejar tus asuntos en las manos de Dios sin quejarte, y confiando plenamente en él.

Es imposible alcanzar la santidad si no involucras la Palabra en tu vida.

Recuerda lo que te dice la Palabra de Dios a través de Pablo: «*Porque los que son de la carne piensan en las cosas de la carne; pero los que son del Espíritu, en las cosas del Espíritu. Porque el ocuparse de la carne es muerte, pero el ocuparse del Espíritu es vida y paz. Por cuanto los designios de la carne son enemistad contra Dios; porque no se sujetan a la ley de Dios, ni tampoco pueden; y los que viven según la carne no pueden agradar a Dios. Mas vosotros no vivís según la carne, sino según el Espíritu, si es que el Espíritu de Dios mora en vosotros. Y si alguno no tiene el Espíritu de Cristo, no es de él*» (Romanos 8:5-9).

Cristo quiere darte una nueva dimensión en el entendimiento de la Biblia: que cuando la leas, él pueda revelarse a tu vida, que conozcas los secretos y deseos del corazón de Dios, y que esa Palabra le traiga inspiración a tu caminar. Entonces comprobarás que esas palabras se harán reales en tu vida y serán para ti un escudo y una fortaleza en todo momento. Por el Espíritu de Dios podrás proclamar las promesas con fe, sabiendo que son para ti.

Pablo declaró en 2 Corintios 1:20 *«Porque todas las promesas de Dios son en él Sí, y en él Amén, por medio de nosotros, para la gloria de Dios».*

Lo que sostuvo a Naamán en su fe, pese a que no veía resultados, fue la palabra que le había sido dada. Sin ella lo único que hacía era el ridículo. Pero al tener la palabra y creerla, sus acciones denotaban obediencia y sujeción a ella: el que confía en Dios jamás será avergonzado.

He oído muchas veces el testimonio de un hombre de Dios querido y amado, el evangelista Carlos Annacondia, cómo en sus primeros pasos como cristiano tomó la palabra, la creyó y poniéndola en práctica vio cosas maravillosas en su vida y ministerio.

Hace muchos años, cuando Argentina era gobernada por militares, conocí al Señor y quise ver y experimentar su poder, predicando su palabra y orando por los enfermos. Por eso le pedí permiso al que era mi pastor en aquel entonces para ir a predicar a los hospitales y orar por los enfermos. En aquella época eso no era nada fácil, dado que había normas de seguridad muy estrictas y era difícil recibir los permisos correspondientes. Pero pese a ello, ese fuego seguía ardiendo en mi interior, y orando y confiando en el Señor fui ... Cuando llegué a una gran sala de terapia donde había varias camas, me acerqué a la primera cama donde yacía una mujer enferma, para predicarle la palabra de Dios, pero ella no aceptó. Quería orar por su enfermedad para que Dios la sanara, pero tampoco quiso. Muy triste, me fui a la siguiente, para ver si aquella persona iba a ser más receptiva, pero encontré la misma respuesta ... recorrí todas las camas hasta que llegué a la última pero nadie quiso escuchar ni recibir oración. En mi corazón le pregunté al Señor ¿Porqué nadie quiere escuchar? Señor yo estoy obedeciendo tu palabra, pero no la quieren recibir.

Llegué a la última cama y allí yacía una joven que estaba muy enferma y que llevaba meses sin poder caminar. Cuando le pregunté si quería que orara por ella, fue la única que aceptó. Quise poner mis manos sobre ella, pero el Espíritu Santo me dijo: ¡No!, yo voy a hacer la obra ...

Apenas comencé a orar, aquella joven se levantó de la cama en el nombre de Jesús y comenzó a caminar ... ¡Gloria a Dios por ello!

Al ver los demás el milagro que Dios había hecho, comenzaron a gritar y a pedir oración. El ambiente de todo aquél lugar cambió en un instante, y esas personas aceptaron al Señor. Dios respaldó su palabra y se glorificó de una manera tremenda.

Este testimonio puede representar el de tantos otros, que habiéndole creído a Dios, su fe fue puesta a prueba, pero él respondió.

Toma la palabra que Dios te ha dado, créela y no te apartes de ella.

CAPÍTULO

EL MONTE, EL LUGAR DONDE DIOS SE REVELA A TU VIDA

«Todo el pueblo observaba el estruendo y los relámpagos, y el sonido de la bocina, y el monte que humeaba; y viéndolo el pueblo, temblaron, y se pusieron de lejos. Y dijeron a Moisés: Habla tú con nosotros, y nosotros oiremos; pero no hable Dios con nosotros, para que no muramos. Y Moisés respondió al pueblo: No temáis; porque para probaros vino Dios, y para que su temor esté delante de vosotros, para que no pequéis».

(Éxodo 20:18-20)

EN EL LIBRO DE ÉXODO SE NOS CUENTA UNA HISTORIA que nos permite ver la actitud que tuvo el pueblo de Israel ante la gloria de Dios. Este pasaje nos relata la manifestación visible de Dios en el monte Sinaí, de tal manera que el monte humeaba y los israelitas oían el estruendo de los relámpagos y el sonido de la bocina. Fue de tal magnitud este estruendo que se asustaron, se sintieron incómodos hasta el punto de decidir alejarse de la gloria de Dios. Estaban acostumbrados a aceptar las grandezas de Dios y sus milagros, pero no estaban dispuestos a acercarse para tener una relación personal con Dios.

Fíjense qué gran contradicción: Israel no quería tener una

relación personal con Dios, huía del compromiso. Y por otro lado, tenemos la historia de Naamán, un general sirio que se indigna porque el profeta ni siquiera lo atendió ... ¡él buscaba algo más!

Los israelitas habían visto muchos milagros. El día de la Pascua habían experimentado una manifestación poderosa de Dios: fueron sanados sus cuerpos enfermos. En ese día hubo alrededor de tres millones de milagros instantáneos. Todos los que estaban enfermos se sanaron y vivieron durante cuarenta años de milagro en milagro. Dios los alimentaba cada día con el pan del cielo que se llamaba «maná».

Alguien hizo un estudio y un cálculo aproximado para entender la magnitud de este milagro, y llegó a la conclusión de que Dios, al proveer cada día de pan a su pueblo, entregaba abundantemente la cantidad suficiente, como para llenar de pan doscientos veinte vagones de ferrocarril ¡por día! Sin duda, el Señor los sorprendía cada día. El pueblo vio sus milagros, sus maravillas y sus proezas. El libro del Éxodo nos dice que en muchas ocasiones ellos danzaban y se alegraban por las obras de Dios. Reconocían las obras y los milagros, pero en el momento en que Dios los llamó a acercarse a él, no se sentían preparados y tuvieron miedo, hasta el punto de que le pidieron a Moisés que fuera él solo.

TU ACTITUD FRENTE A LA GLORIA DETERMINARÁ LO QUE TE ACONTEZCA

La actitud de los israelitas frente a la gloria de Dios nos demuestra lo que había dentro de sus corazones. Cuando Dios se acercaba a ellos, entonces se sentían expuestos, intranquilos e inseguros. Esta actitud nos habla de la carga de malas obras que llevaban en sus conciencias.

Esto mismo se repite hoy también, y aconteció aun en los tiempos de Jesús. Por eso, él nos advirtió claramente en el capítulo 7:21-23 del Evangelio de Mateo: «*No todo el que me dice: Señor, Señor, entrará en el reino de los cielos, sino el que hace la voluntad de mi Padre que está en los cielos. Muchos me dirán en aquel día: Señor, Señor, ¿no profetizamos en tu nombre, y en tu nombre echamos fuera demonios, y en tu nombre hicimos muchos milagros? Y entonces les declararé: Nunca os conocí; apartaos de mí, hacedores de maldad*».

El pueblo de Israel conocía las señales y las maravillas, pero mantenía escondido el pecado en sus corazones; por eso temía acercarse a Dios. Hoy día hay muchas personas que, al igual que el pueblo de Israel, le temen a la presencia de Dios. No es el temor reverente hacia su presencia, su gloria, su majestad … tienen miedo de que Él les exponga algo del pasado o que les pida que paguen un precio que no están dispuestos a pagar.

Ha llegado el tiempo en que Dios te llama a venir más cerca de su presencia. Recuerda que siempre que viene un tiempo de conquista, Dios te lleva primero a una etapa de santificación. Antes de obrar con gran poder en alguna área de tu vida, previamente te llevará a una confrontación con su Palabra.

Una cosa es adorar al Dios que hace milagros en nuestra vida, y otra cosa es acercarnos al Dios que nos revela la condición de nuestro corazón. El Señor quiere que no solamente lo alabemos por los milagros, sino también simplemente porque él es nuestro Dios. Él quiere tener un trato personal con nosotros, que lo conozcamos. Muchos podemos conocer su poder y cantar de júbilo ante su presencia, pero eso no nos asegura que nuestra alma esté quieta, en calma, segura y confiada en la Palabra del Señor.

Ha llegado el tiempo de acercarse a Dios. Él quiere hablarle a tu corazón y mostrarte las cosas que tienes guardadas en el alma.

Tal vez has estado dependiendo mucho de lo que Dios puede revelarle a otros o decirte a través de otros, pero ha llegado el momento en que el Señor quiere revelarse personalmente a tu vida.

Si quieres ser santo, debes acercarte a la nube de gloria y decirle al Señor: «Aquí estoy, abro mi corazón de par en par, quiero escuchar tu voz, quiero que me hables».

El momento más sombrío de la historia del pueblo de Israel no fue cuando el Señor le dijo que iban a vagar por el desierto durante cuarenta años, sino cuando ellos rechazaron la invitación de Dios de acercarse a su presencia. Luego podemos ver cómo fueron tentados a murmurar, porque no conocían realmente a Dios. Conocían las obras de Dios, pero no su corazón.

Esto nos enseña claramente que el momento más sombrío en la vida de alguien no es cuando se aparta y cae, sino que tiene lugar mucho antes, cuando Dios lo invita al altar para cambiar su corazón y sus pensamientos, pero la persona se endurece y decide que no quiere ir en pos de la presencia de Dios, porque se siente satisfecho así como está. Cuando uno no quiere acercarse lo suficiente a Dios, es cuando las raíces no pueden ser profundas y entonces las cargas, las presiones, las luchas son imposibles de sobrellevar.

El momento más duro y determinante de tu vida es cuando decides rechazar a Dios. Los cielos se entristecen cuando él nos llama y nos atrae a su presencia, y nosotros ponemos los ojos simplemente en los milagros, en la religión, en lo superficial. No te sientas atrapado por la religiosidad, sino siéntete atrapado por Dios, que es lo más importante. Si lo miras de lejos, muy probablemente el día de mañana pagues el precio, como los hijos de Israel que, a causa de su mediocridad, terminaron perdiendo la herencia.

El pecado destruye el alma y las fibras internas de la conciencia, del ser interior. La persona que calla cuando peca, se destruye anímica, emocional y también físicamente. Además, finge que está espiritualmente en orden, pero su vida está cada vez más lejos de Dios.

Los pecados pueden evitarse cuando uno se acerca a Dios diligentemente. Él está levantando un pueblo de sacerdotes, de hombres y mujeres que buscan su gloria y su persona. Que puedas ser como Moisés, que conoció a Dios. Es interesante ver lo que dice el Salmo 103:7: *«Sus caminos notificó a Moisés, y a los hijos de Israel sus obras»*.

Los hijos de Israel conocían a Dios por lo que él hizo, pero Moisés conoció no solamente sus manos, sino su corazón, y por eso el Señor le reveló su voluntad. Lo único que nos cambia y nos lleva a una madurez y a una realidad espiritual única es un encuentro real con Dios y una verdadera vida de comunión con él. No le temas a la gloria. Sé como Moisés y encuéntrate con Dios cara a cara; entonces él imprimirá sus leyes en tu corazón.

La santidad no es una opción más. La santidad es la opción que te da Cristo, que dice: «Si me sigues por amor, yo te enseñaré cosas que no conoces». No somos santos porque alguien nos obligue a ello, sino porque entendemos que acercarnos a Dios es el anhelo de nuestra alma. Como dice la Escritura en el Salmo 42:1: *«Como el ciervo brama por las corrientes de las aguas, así clama por ti, oh Dios, el alma mía»*.

Dios quiere que sigas la santidad, que sigas la verdad. Nadie va a obligarte a consagrarte, es la opción que eliges por amor. La santificación es un estilo de vida que eliges para agradar a Dios, donde le dices sí a Cristo y no al pecado.

LLEGARÁS A SER ACORDE A AQUELLO QUE MÁS INFLUYA EN TU VIDA

Nunca vas a llegar a ser aquello por lo cual fuiste llamado, si no te dejas seducir por esa voz de Jesús que te dice: «*Venid a mí todos los que estáis trabajados y cargados, y yo os haré descansar*» *(Mateo 11:28)*. El Señor te llama a acercarte a su presencia. Hay factores en la vida que querrán influir en ti: el mundo, las pasiones, los amigos, la televisión, la realidad que está a tu alrededor... El Señor te revela en su Palabra que vas a llegar a ser y a lograr aquello a lo cual te abras y permitas que influya en tu vida y la impacte.

¿Qué es lo que más admites en tu corazón? ¿Qué es lo que más te influye? ¿A qué te abres en mayor medida? Si dejas que el mundo imprima su influencia en ti, vas a terminar pensando como él y teniendo la misma visión. Jesús nos expresa claramente en su Palabra: «*En el mundo tendréis aflicción, pero confiad yo he vencido al mundo*» (Juan 16:33). Jesucristo quiere llegar a influir completamente tu vida. El anhelo de tu corazón debe ser conocer más a Jesús, consagrarte cada día más y vivir firme contra las asechanzas del enemigo.

Si te captan la atención algunas cosas del mundo más que Cristo, llegarás a pensar más en eso que en él. Cierra la puerta y tu corazón a las influencias negativas. Deja que tu vida sea impactada solamente por las influencias positivas; esas son las que te elevarán, te llevarán a la presencia de Dios y harán que tu vida brille para Cristo.

Tus actitudes son las que marcan la diferencia

Dios nos ilustra en su Palabra, de una manera sencilla y esclarecedora, a través del pasaje de 1 Samuel capítulo 25, cómo nuestras actitudes determinan lo que llegaremos a ser. Allí encontramos la historia de un hombre llamado Nabal. David había ido a buscar comida a la casa de Nabal, pero este era un hombre duro y de malas obras (v.3). A diferencia de su esposa, llamada Abigail, que era una mujer de buen entendimiento y de hermosa apariencia (v.3). Sabemos que David es un tipo y una figura de nuestro Señor Jesucristo, y en esta historia podemos observar que Nabal se resistió al contacto y la comunión con David, porque no lo conocía.

En cambio, su esposa preparó comida y un sacrificio, y fue corriendo a postrarse en la presencia de David, clamando misericordia. Esto habla de la dualidad que tenemos en nuestros corazones. Cuando viene el Espíritu Santo desea surgir en nosotros el Nabal, que es nuestra naturaleza carnal que no quiere tener comunión con Dios, que no quiere consagrarse. Pero también viene a nosotros la parte de la presencia de Dios, el espíritu dulce, el espíritu que quiere consagrarse.

En nosotros hay una batalla, y nosotros somos los que decidimos: o rechazamos la gloria de Dios o nos rendimos a él.

Nabal se sintió influenciado por su egoísmo. Así es la carne, rehúsa escuchar la voz de Dios, rehúsa escuchar la voz de los pastores, rehúsa escuchar la voz de las autoridades. Cuando hay alguien con un espíritu que resiste al Señor, lo primero que hace es evitar sujetarse a la autoridad de Dios. La persona que resulta influenciada por su carne va en pos del yo, se rebela contra Dios, no se somete a la corrección.

Podemos ver a continuación las actitudes que nos permiten reconocer a una persona carnal:

- No se somete a la corrección, sino que se resiste a ella.
- Se endurece.
- Se cierra a la presencia de Dios.
- Se abre a las cosas de este mundo.
- Sigue el consejo malo de su corazón, en vez de seguir el consejo puro de la presencia de Jesús.
- Rehúsa cambiar su corazón.
- Persevera en el mal.

David rechazó la actitud de Nabal, porque este tenía un corazón perverso. El corazón perverso es un corazón cerrado, amargado, que lo primero que hace es encontrar argumentos para sostener su postura rebelde.

Dios levanta una generación de cristianos que marquen la diferencia, porque ser cristiano es marcar la diferencia. La actitud del hijo de Dios debe distinguirse bien de la de otros, de la misma manera que Abigail se distinguió de su esposo rebelde, cerrado, perverso, duro y hostil. Abigail marcó la diferencia hasta el punto de tener una actitud de corazón totalmente diferente a la de su esposo.

Hay ciertas áreas dentro de nuestro corazón que son complejas y que a veces, nosotros mismos no entendemos. El salmista David decía: «*Perdóname aun los pecados que yo no entiendo, que me son ocultos*» (Salmo 19:12).

El Señor quiere librarte de cosas ocultas y que vivas la vida cristiana de corazón, que agrades a Dios. Si vives la vida encendida con Jesús, eso basta para poder encender a otros.

Dios enciende a los corazones consagrados, a aquellos que están dispuestos a marcar la diferencia, los que hallan a Jesús en el monte.

EL MONTE ES EL LUGAR DE ENCUENTRO CON TU SEÑOR

Que te atrape la atención el monte, el lugar secreto, donde el Señor quiere que lo visites para mostrarte su gloria y lo que él tiene para ti. No pierdas más tiempo, no te desvíes detrás de los milagros, ni detrás de las obras ni detrás de las emociones. Los israelitas festejaron las obras, pero a Moisés le interesaba el corazón de Dios, saber más de él. Moisés quería que así como Dios había grabado su Palabra en las piedras, también la grabara en su mente, en su alma y en su corazón. Este es el tiempo en que Dios imprimirá su sello, su marca, en tu vida. Cuando te encuentras con Dios en el monte, tu vida cambia y eres diferente.

Que el Señor ponga en ti hambre por buscar ese lugar secreto, el monte, el lugar de encuentro. En ese lugar de encuentro Dios va a revelarse con poder, con fuego, con gloria, con su presencia. El Señor va a revelarse a tu vida hasta tal punto que no vas a tener dudas de tus convicciones.

El Señor no quiere cristianos tibios. No se trata de escuchar la Palabra de Dios y no cumplirla, sino de oírla y ponerla en práctica. Cuando uno escucha la voz de Dios no puede permanecer en pecado, porque recibe la convicción de que tiene que cambiar. Dios te llama a un encuentro con él.

Los grandes despertares espirituales, cuando Dios cambió un país o una ciudad, se dieron en épocas de crisis y en épocas en que la Iglesia permitió que el Señor cayera con su fuego de santidad sobre las vidas.

No temas su presencia ni su gloria, sino entrégate, póstrate delante de su gloria y expón tu vida delante de su presencia. Camina en su voluntad, busca su rostro y conoce su corazón. Que puedas tener la mente de Cristo, y que tu mente carnal, débil, sea transformada por la mente espiritual, por la mente de Cristo. Que el Señor cambie tu corazón y te dé un corazón dispuesto a perdonar.

Así como Abigail se acercó al ungido y se postró delante de él, de la misma manera el Señor quiere que te acerques al trono de Dios, rendido. Apártate del pecado, apártate de la religiosidad fría y de la hipocresía, para vivir una vida más comprometida con el Señor, en oración y en la búsqueda de su presencia. Que tu oración pueda ser la de David en el peor momento de su vida, cuando clamó a Dios de todo corazón diciendo: «*Ten piedad de mí, oh Dios, conforme a tu misericordia; conforme a la multitud de tus piedades borra mis rebeliones. Lávame más y más de mi maldad, y límpiame de mi pecado. Porque yo reconozco mis rebeliones, y mi pecado está siempre delante de mí. Contra ti, contra ti solo he pecado, y he hecho lo malo delante de tus ojos; para que seas reconocido justo en tu palabra, y tenido por puro en tu juicio*» (Salmo 51:1-5).

Hoy es el día en que el Señor te llama a acercarte al trono de gloria. Acércate al monte y permite que él se revele a tu vida, y nunca más serás la misma persona.

En mi propia vida yo he podido experimentar esa fresca unción del Espíritu Santo:

El año 1992 representa un nuevo tiempo en mi ministerio. Dios vertió un salero en mi lengua. Me dio una sed espiritual intensa que necesitaba saciar. En apariencia, tenía un ministerio próspero, una iglesia pujante y creciente, muchos proyectos y planes, pero de repente comenzó a inundar mi ser una profunda hambre y sed de él. ¡Hambre del Espíritu Santo! Y no solo llenó mi copa con su Espíritu, sino que la hizo rebosar hacia los demás.

Lo que comenzó en mi vida como una búsqueda personal afectó a multitudes que llegaron a nuestra iglesia para beber del Espíritu Santo. Contingentes de todo el país e incluso del extranjero, llegaron para recibir más de Dios y llegaron sin que hubiera una invitación o publicidad. Fue un movimiento espontáneo del Espíritu Santo que nos reunió para celebrar gloriosamente. Fueron tiempos de restauración, momentos tan poderosos bajo la presencia de Dios, que me llevaban a exclamar: «¡Es muy fuerte!» «¡Su presencia es muy fuerte!» Jamás hubiese imaginado vivir tales gloriosas experiencias en la presencia de Dios.

Naamán sabía que aún no había alcanzado la meta, se zambulló por cuarta vez, pero siete eran las zambullidas que debía dar. A él no le importó que no hubiese pasado nada; en lo profundo de su corazón seguía con la expectativa de que algo iba a suceder en poco tiempo.

Así que se preparó para la siguiente zambullida.

Examina tu corazón ...

¿Qué lugar ocupa la Palabra de Dios en tu vida?

¿Estás dispuesto a conocer lo que Dios tiene para decirte en su palabra?

Muchas veces te encontrarás frente al gran desafío de tener que cambiar aun tu forma de pensar. Te darás cuenta, al leer la Palabra de Dios y estudiarla, de que hay principios y verdades que tú desconocías.

¿Estás dispuesto a tomar la verdad y a desechar la mentira?

¿Qué es lo que más amas y buscas? ¿Son los milagros, las señales ... o el Dios que hace los milagros y las señales?

Dios quiere revelarse a tu vida, quiere que cultives una íntima comunión con él ... ¿estás dispuesto a encontrarte con el Señor?

Ora conmigo con todo tu corazón:

«Señor Jesús, perdóname porque muchas veces he pecado por no conocer tu palabra. Perdóname por las mentiras en las cuales he andado pensando que eran verdad. Hoy decido creerle a Tu Palabra, quiero conocerla aún más. Desecho la mentira y tomo la verdad.

Quiero conocerte más a ti, tener un encuentro genuino en el que tú me puedas hablar.

Dios mío, no solo espero el milagro, también te amo y te quiero conocer más a ti.

Espíritu Santo, revélate a mi vida, enséñame la verdad, muéstrame y guíame en el camino por el cual yo deba caminar. En el nombre de Jesús ... ¡Amén!»

CUARTA ZAMBULLIDA

ES HORA DE ENFRENTAR A LOS ENEMI-GOS DE TU ALMA

Naamán ya se había zambullido tres veces en el río Jordán. Al salir de las aguas volvió a observar su piel lastimada y con dolor y frustración se dio cuenta que aún no había sucedido nada.

—Ya lo intenté tres veces ... ¡y nada!

¡Cuántas personas enfrentan una y otra vez las mismas circunstancias y se sienten frustradas al no ver cambios! Siguen luchando, pero aún no ha acontecido nada.

En esos momentos es cuando se desata una fuerte lucha interna. Los enemigos del alma se levantan para destruir nuestra fe y nuestra confianza.

Naamán debió enfrentar estas mismas circunstancias y derrotar esos enemigos del alma que quieren levantarse una y otra vez, para llevarnos por caminos equivocados. Su piel y su carne, seguían igualmente lastimadas y corrompidas como antes. Pero en su espíritu se libraba la mayor de todas las batallas: la fe contra la incredulidad, la confianza contra la desesperanza. Una tormenta que se levanta en la mente de muchos, pensamientos que los atormentan, que quieren desviarlos del propósito y de la promesa de Dios.

— Mejor lo dejo todo. ¡Es inútil, todavía no he visto resultados!

Cuando recibimos la palabra de parte de Dios, nos sentíamos tan seguros, que había plena convicción en nuestro espíritu y alma de que él lo haría. Pero ahora, mientras marchamos en pos de la promesa, el camino se hace duro, los obstáculos son numerosos y las fuerzas, muchas veces nos faltan.

Es allí donde debemos enfrentar a los enemigos que se levantan. Es tiempo de batalla, pero la victoria la tenemos asegurada.

Naamán volvió a sumergirse en las aguas.

CAPÍTULO 7

LOS ENEMIGOS QUE QUIEREN DESTRUIRTE

«Porque no tenemos lucha contra sangre y carne ...»

(Efesios 6:12)

ENEMIGOS PODEROSOS QUE DEBEMOS ENFRENTAR

LA SANTIDAD SE VE REFLEJADA CUANDO NOS APARTAMOS del mal para obedecer a la voluntad de Dios; es un estilo de vida. Se denota en nuestro carácter, en nuestra forma de pensar, en nuestras acciones. Comienza en el corazón y se transforma en un principio de vida, de integridad, de pureza. Tratar de ignorar que habrá situaciones, estrategias del enemigo y que hasta nuestra propia naturaleza carnal que querrá afectar nuestra integridad y relación con Dios, sería estar ciegos frente a una realidad que nos rodea.

Muchas veces debemos luchar contra nuestra propia carne, que está corrupta.

Naamán tuvo que luchar contra la desintegración y descomposición de su propia carne, producto del avance de la lepra.

Esto mismo es lo que ocurre en el corazón y pensamientos de muchos: luchan contra su mente carnal, contra sus pensamientos, contra actitudes, y contra enemigos que se levantan.

¿Cuáles son algunos de los enemigos más peligrosos que deberás enfrentar?

YA ES HORA DE VENCER EL ORGULLO

El libro de Proverbios nos exhorta en el capítulo 6:16-19: «Seis cosas aborrece Jehová, y aun siete abomina su alma: Los ojos altivos, la lengua mentirosa, las manos derramadoras de sangre inocente, el corazón que maquina pensamientos inicuos, los pies presurosos para correr al mal, el testigo falso que habla mentiras, y el que siembra discordias entre hermanos».

Cuando este pasaje menciona los ojos altivos se refiere al orgullo, la altivez, la soberbia. La caída de Lucero, el ángel que luego se transformó en Satanás, fue a causa del orgullo. La Biblia nos relata que el orgullo se generó en el corazón de Satanás, y este seguramente pensó: «¿Por qué voy a ser ángel, pudiendo ser Dios?»

Aunque Dios le había dado un rango de ángel aún más grande que los arcángeles, el querer ser igual a Dios fue lo que trajo como consecuencia su caída, y arrastró consigo una gran cantidad de ángeles que lo siguieron. Muchas veces el orgullo y la soberbia dejarán huellas nefastas a nuestro alrededor, lo que afectará a muchos otros.

SÍNTOMAS DE ORGULLO

¿Cómo podemos identificar el orgullo en nuestra vida en cuanto a nuestra relación con Dios?

He aquí una pequeña lista de síntomas y actitudes que revelan nuestra verdadera condición interior.

Hay orgullo...

- Cuando rehúsas escuchar a Dios.

- Cuando rehúsas oír a los pastores, a la autoridad espiritual, a tus líderes.

- Cuando rehúsas marchar y vivir de acuerdo a la Palabra de Dios y su voluntad.

- Cuando te apartas de los mandamientos de Dios.

- Cuando te rebelas contra Dios.

- Cuando te enojas con Dios.

- Cuando resistes al Espíritu Santo.

- Cuando endureces tu cerviz –tu corazón se endurece y pierdes sensibilidad–.

- Cuando sigues los pensamientos de tu mal corazón, antes que seguir la Palabra del Señor.

- Cuando sabes que estás equivocado, pero sigues adelante como si nada sucediera.

- Cuando rehúsas convertirte de corazón, te comprometes a medias … pero nunca del todo.

- Cuando perseveras en el mal.

- Cuando rehúsas obedecer a tus padres.

- Cuando eres «sabio» en tu propia opinión.

- Cuando eres infiel a tu cónyuge, a tu familia, a tus principios, a Dios.

- Cuando tratas de justificar tus errores y siempre reprochas y juzgas a los demás.

- Cuando finges y aparentas que todo está bien, cuando en realidad todo está mal.

- Cuando te resistes a buscar la presencia de Dios y buscas tu propia comodidad.

DEBES DESTERRAR LAS MANCHAS DE CONTAMINACIÓN EN TU MENTE Y EN TU CORAZÓN

El Señor Jesús quiere que desterremos y limpiemos nuestra mente de los pensamientos que no nos edifican.

El pueblo de Israel entró en la Tierra Prometida por medio de Josué, y habitó en casas que habían pertenecido a los cananeos. Estos antiguos moradores estaban llenos de amuletos, fetiches, hechicería, que escondían y guardaban en las paredes de barro, para que estos los protegieran del ataque del pueblo de Dios.

Fue entonces cuando el Señor le habló al pueblo de Israel y le dijo que si veían una mancha verde que brotaba de la pared, sería una señal de que tenían que llamar al sacerdote para raspar la mancha y limpiar la casa, ya que esta estaba contaminada.

El sacerdote venía y cerraba la casa por siete días y raspaba las paredes hasta que la mancha desaparecía. En algunos casos había tanta idolatría y contaminación adentro, que la «lepra» —la señal de contaminación— salía una y otra vez hasta que tenían que derrumbar la casa por completo. Los objetos encontrados, fetiches, estatuas, etc., eran destruidos y erradicados de aquella vivienda.

¿Qué nos enseña esta historia?

Que es Dios quien quiere sacar a la luz las manchas verdes, los pecados ocultos de tu vida, para que puedas exterminarlos definitivamente.

¿Hay cosas que ocultas en tu casa? ¡Ya es hora de limpiarla!

En la antigüedad estos pueblos cananeos eran muy astutos. La contaminación no estaba a simple vista, sino oculta dentro de las paredes de su casa. Por fuera solo se veía la casa, las paredes, pero por dentro ocultaban maldición, los trabajos de hechicería, la idolatría, la perversión.

¡Cuántos hay que en lo oculto guardan revistas pornográficas, películas obscenas, idolatría, imágenes, objetos trabajados, etc.! Ya es hora de que tomes una decisión. ¿Qué vas a hacer con toda esa contaminación?

En ocasiones, el problema no está en lo que se ve, sino en lo que no se ve, en lo que se ha ocultado durante mucho tiempo.

Sin embargo, también es importante determinar qué cosas vemos. Todo lo que tú y yo vemos queda registrado en la mente y puede terminar por desequilibrar nuestra vida espiritual.

¡Dios nos llama a guardar nuestros ojos!

La mente registra lo que los ojos miran, e inmediatamente esto pasa al corazón y al archivo de nuestros pensamientos. Muchos tienen en su mente la imagen de personajes que pasaron por su vida, que le han hecho daño. Pero el Señor desea que derribes esos recuerdos de dolor de tu mente, que los quites de tu vida, que no sean como próceres de bronce a los que todavía les sacas brillo y dices: «Te sigo recordando».

Ya es hora de vencer los recuerdos de dolor.

En otras ocasiones, el orgullo le impide a la persona reconocer su estado, y esta trata de tapar aquellas imágenes de su pasado, busca la manera de borrar sus recuerdos, de escapar, pero no lo logra. ¿Por qué?

Es que tú solo no puedes, ¡necesitas la ayuda del Señor!

Él quiere hacerte libre, pero para ello debes derribar la barrera de orgullo que has levantado en tu vida, y reconocer lo que pasa en ella, en tu casa. Mira las «paredes espirituales», quizás están verdes, llenas de podredumbre. Ya es hora de que hagas algo para cambiar esa realidad.

Dios te llama al arrepentimiento

Dios aborrece los ojos altivos y te llama al arrepentimiento, a que busques su presencia. Consagra tus ojos al Señor. Quita la altivez que te lleva a la muerte espiritual. Si te humillas, Dios te levantará; si le pides perdón, él te perdonará.

Arrepentimiento no solo significa llanto, dolor, pesar, quebranto. Arrepentimiento también significa cambio de rumbo. Con llorar solamente y tener un profundo pesar en tu vida, no lograrás el cambio. Tienes que marchar, tomar decisiones, cambiar de actitud, de forma de actuar. ¡El Espíritu Santo, el Paráclito, el ayudador, te guiará!

¡Quita la queja de tu vida!

«No andarás chismeando entre tu pueblo. No atentarás contra la vida de tu prójimo. Yo Jehová» (Levítico 19:16).

El chisme y la queja tienen efectos destructivos, llevan a la persona a una profunda crisis. Es dañino para quien lo practica y es dañino para quien participa y los recibe.

Vivimos en una sociedad que se queja permanentemente. Es un espíritu de murmuración. Se destaca lo malo, se pervierte lo recto, se contradice a la verdad. ¡Ya es hora de cambiar!

Naamán tuvo que superar la queja. Cuando Eliseo envió a su siervo Giezi a darle el mensaje, Naamán se quejó.

— ¡Este no es el trato que se merece un general del ejército sirio, un hombre tan importante como yo!

Su indignación y enojo fueron grandes. Acostumbrado a honores y a un trato preferencial, ahora es prácticamente ignorado, el mensaje es dado por un tercero y a nadie le importa.

Muchos dirían:

— ¡Qué descortesía! ¡Qué falta de ética! Mira lo que hizo el profeta, ¿acaso no sabe quién es ese hombre?

¡Cuán propensos somos a quejarnos de todo! En vez de observar el lado positivo, nos concentramos en los aspectos negativos, y los potenciamos.

Necesitamos arrepentirnos de la murmuración y de la queja.

La Biblia nos habla de la armonía, de ser uno con los demás, de ser pacificadores, de tener un corazón humilde.

Observemos a los hijos de Israel cuando se quejaron del pan y al final el pan fue lo que los sustentó durante cuarenta años: «*Y Jehová habló a Moisés, diciendo: Al caer la tarde comeréis carne, y por la mañana os saciaréis de pan, y sabréis que yo soy Jehová vuestro Dios. Y venida la tarde, subieron codornices que cubrieron el campamento; y por la mañana descendió rocío en derredor del campamento. Y cuando el rocío cesó de descender, he aquí sobre la faz del desierto una cosa menuda, redonda, menuda como una escarcha sobre la tierra. Y viéndolo los hijos de Israel, se dijeron unos a otros: ¿Qué es esto? Porque no sabían qué era. Entonces Moisés les dijo: Es el pan que Jehová os da para comer*» (Éxodo 16:11-15).

Esta historia nos relata cómo Israel se quejaba de algo que en realidad era una bendición. Este era el alimento que Dios había preparado, les hacía bien, era nutritivo. Seguramente ellos esperaban otra cosa, pero el Señor les dio una porción especial cada día, de un pan que él mismo horneaba para su pueblo y que ellos no supieron apreciar.

A través de este pasaje vemos ilustrada perfectamente lo

que es la queja, la murmuración. Ellos pidieron un milagro y cuando este llegó lo recibieron de esta manera, diciendo: «¿*Qué es esto?*»

La queja produce descontento, preguntarse «¿*Qué es esto?*»

No estamos conformes con lo que Dios nos da en ese momento. Queremos algo diferente, no apreciamos el milagro, la provisión sobrenatural, el favor de Dios.

Recuerdo que Dios tuvo que enseñarme este aspecto en mi propia vida:

> *Cuando ingresé en el seminario lo hice con el ímpetu de todo joven: «Soy uno de los seminaristas de mi iglesia», pensaba con entusiasmo.*
>
> *El primer día de clases el director del seminario anunció: «Bueno, vamos a repartir las tareas».*
>
> *Uno por uno, según la lista, iba recibiendo sus tareas. Llegó mi turno: «Claudio Freidzon ... te toca ...» (Pensé: dirigir los coros)... pero añadió: «Limpiar los baños».*
>
> *¡No lo podía creer!*
>
> *Muy enojado, me fui a ver al director, que además era mi pastor en la iglesia (con el consiguiente privilegio que yo pensaba tener en el seminario). Le pregunté: «¿Por qué me pusiste a limpiar los baños ».*
>
> *Me contestó: «Porque te conozco y sé lo que tienes que aprender».*
>
> *Le respondí: «Estoy aprendiendo Teología Bíblica, Homilética ... yo estoy para otra cosa, no para limpiar los baños».*
>
> *Pacientemente volvió a decirme: «Estás para formarte como un hombre de Dios, y ya es hora de que dejes de ser un niño de mamá».*

Repliqué: «No lo voy a hacer. Quiero otra tarea que sea más rápida».

La conversación terminó cuando mi pastor me dijo: «Si tú no lo haces, yo lo haré».

Me fui muy desilusionado de aquella oficina. Esperaba algo mejor de mi pastor. Ahora sé que verdaderamente me estaba dando lo mejor. ¡Y cuánto lo necesitaba!

Al otro día el pastor se levantó y salió con el balde y todos los elementos de limpieza rumbo a los baños. Entró y se encerró para hacer la tarea que me correspondía a mí. Yo daba vueltas y vueltas. Finalmente entré y vi al pastor arrodillado limpiando dentro de los baños. Me enseñó una gran lección de humildad. Entonces recordé que yo le había dicho al Señor muchas veces: «Señor, quebrántame, humíllame, quiero ser siervo». Y Dios lo había tomado muy en serio. Me acerqué y le dije a mi pastor: «No lo hagas, debo hacerlo yo».

Cuántas veces dejamos que nuestro orgullo tome el control de nuestras vidas, y nos molestamos y nos quejamos, cuando Dios está esperando de nosotros una actitud diferente.

¡DEJA DE ESTAR TRISTE Y DESCONTENTO!

La murmuración es un veneno infundido por el mismo diablo, para dividir los pensamientos y traer al pueblo de Dios insatisfacción, duda y descontento.

El pueblo hebreo fue desagradecido cuando Dios le proveyó con maná. La gente dijo: «*¿Qué es esto?*»

En medio de la bendición, en medio de los prodigios, en medio de lo sobrenatural puede ocurrir que dentro de tu corazón surja ese descontento interior que dice:

— No estoy feliz con esto, no me gusta esto. ¡Quiero otra cosa!

Es un espíritu egoísta, desagradecido, insensible, opuesto al corazón de Dios. ¡Necesitamos ser diferentes, marcar la diferencia!

Cristo quiere cambiar tu naturaleza, porque la naturaleza del hombre en sí misma está plagada de insatisfacción, de queja.

Tú te puedes sentir permanentemente disconforme con la gente, con la familia, con los hijos, con los amigos, con el trabajo, con tu jefe, con el ministerio, con la iglesia ... Hay personas que hablan de sus familiares como si fueran sus enemigos, de sus padres como si los odiasen. Murmuran, critican, no aman y tampoco comprenden lo que les sucede. Es el espíritu de la disconformidad, de la murmuración y queja.

El Señor quiere cambiar tu corazón, quiere cambiar la esencia de tu vida y santificarte, de tal manera que aun tu lengua, tu forma de hablar sea santa.

Ya no tenemos que hablar palabras que destruyen, que no edifican, que hacen daño; sino palabras que alaban, que edifican, que construyen, que corrigen, que animan, como nos dice Colosenses 3:16: *«Hablando entre nosotros con salmos, con himnos y cánticos espirituales»*.

¡Qué hermoso es sembrar ánimo en otro hermano, qué hermoso es sembrar motivos de alabanza en otros, qué hermoso es levantar y animar a nuestra familia! En vez de unirnos para hablar de algo que no edifica, Dios nos llama a estar unidos en las cosas que alaban y glorifican a Dios.

Pablo, en su primera carta a los Tesalonicenses escribe: *«Por tanto, alentaos los unos a los otros con estas palabras»* *(4:18)*.

Aliento en vez de queja, ánimo en vez de frustración. Es necesario renovar el espíritu de nuestra mente.

¡No te quejes más, aprende a animar, a alentar, a edificar, a bendecir!

LA MURMURACIÓN ES EL CALDO DE CULTIVO PARA LA DESUNIÓN

La murmuración está ligada al chisme, a la desunión. Siempre que hubo murmuración en el cuerpo de Cristo, hubo división. Por eso la Biblia nos habla una y otra vez de la importancia de la unidad.

En la vida cotidiana muchas veces se genera ese descontento, esa murmuración interna. Algunos comienzan a escuchar comentarios, chismes «santificados». Es como si pusiéramos sobre ellos un cierto manto de espiritualidad: «No se lo cuentes a nadie, te lo digo para que ores ...»

Recuerda que Dios resiste la lengua mentirosa. Casi siempre lo que escuchas y crees muchas veces es infundado, y eso puede hacerte mirar la vida desde una perspectiva que no es la correcta.

Si en verdad hay algo que está mal, algo que es un peligro, alguna cosa que crees que es importante corregir o enfrentar, no lo transformes en una murmuración, en un chisme, en una crítica. Ve y consulta a tu autoridad, háblale de tu carga, pero no le des lugar a la murmuración.

La iglesia santa es una iglesia donde todos sienten una misma cosa, donde nos amamos, donde nos respetamos, donde nos interesamos por los demás. Es verdad que no somos perfectos, pero hay un profundo anhelo en nuestro corazón de ser cada día mejores, de imitar a Cristo en nuestras vidas. ¡Él es nuestro modelo, el ejemplo a seguir!

En el mundo las peores cosas suceden a nuestra espalda. Uno se da vuelta y hay alguien que le está clavando un puñal a otro, lo está criticando. ¡No debe ser así entre los cristianos! Ese es el espíritu del mundo, egoísta, carnal. No refleja a Cristo.

Por eso es necesario que limpiemos nuestra «forma» de hablar.

El cristiano marca la diferencia, se cuida de tentar a otro, de afectarlo, de lastimarlo. Con nuestras palabras, con nuestra lengua, lastimamos, herimos, dañamos a tantos ... aun sin darnos cuenta, que en muchas ocasiones, terminamos dándole un marco «espiritual» a la queja, cuando en realidad puede hacer tanto daño.

Si en verdad quieres ayudar a tu hermano, dobla tus rodillas y ora por él; Dios hará la obra en su vida. De otra manera sigue el consejo de las palabras de Jesús según Mateo 8:15-17, y acude a tu autoridad espiritual. El sabio Salomón entendió este principio importante cuando dijo: *«El que cubre la falta busca amistad; mas el que la divulga, aparta al amigo. La reprensión aprovecha al entendido»* (Proverbios 17:9-10).

¡Las pequeñas señales son el comienzo de una gran conquista!

Dios comienza por lo poco. Él le dio al pueblo de Israel señales en el desierto, que luego se multiplicaron en la tierra prometida. Si rechazas las señales del desierto, es porque desconoces lo que Dios es capaz de hacer.

Naamán recibió una señal en medio del dolor y la desesperanza. Su criada, una joven hebrea, tuvo piedad de él y le dio un mensaje de esperanza. La lepra es una enfermedad destructiva que en aquellos años era incurable. Los que la sufrían debían apartarse de su familia, de su entorno, de su ciudad, y allí, en un mundo de soledad y aislamiento, esperar el día de su partida. Este era un cuadro muy sombrío y doloroso, pero Naamán tuvo una señal.

De la misma manera Dios se manifestó en el desierto en forma gloriosa, trayendo la provisión diaria. Algunos hubiesen querido permanecer de por vida en el desierto comiendo el maná, pero Dios tenía algo mucho mejor. Eso había sido simplemente el comienzo, porque cuando el pueblo entró en la Tierra Prometida, allí comenzó un nuevo tiempo, donde ya Dios no se manifestaría de esa manera, sino con una intensidad aún mucho mayor.

Ahora no solo el Señor les proveía, sino que les daba la victoria frente a los ejércitos en Jericó y en cada una de sus batallas. Cada intervención de Dios era gloriosa. La bendición iba en aumento.

¡Dios no te ha traído hasta aquí para que te des la vuelta, para que retrocedas! Lo que está por delante es mucho mejor que lo que has dejado atrás.

El Señor ya te está dando pequeñas señales de lo mucho que va a traer en los próximos tiempos sobre tu vida. Pero estas son simplemente señales, hasta que llegues a una dimensión poderosa en Dios, al lugar donde él te dijo: «¡Aquí es donde yo quería traerte, este territorio es tuyo!»

En el momento de la conquista Dios intensificó su poder y la demostración de su fuerza y gloria. Derribó los muros de Jericó y el pueblo de Israel entró en esa ciudad con autoridad. Las naciones estaban temerosas y espantadas al ver la autoridad que Dios le había dado a ese pueblo que había salido de Egipto como esclavo.

Nadie entendía por qué tenían tanta autoridad. Pero el gran secreto era que Dios estaba con ellos.

Todo proceso que viene de parte de Dios irá en aumento si tenemos la actitud correcta, si sabemos esperar y guardamos nuestro corazón. Es importante que no detengamos la bendición de Dios por tener una actitud de queja, de insatisfacción, de murmuración. Toda una generación quedó postrada en el desierto a causa de sus quejas.

El potencial espiritual que tiene el Señor para tu vida es enorme, pero puedes quedar tendido en el desierto. Puedes quedar en la historia como alguien que no llegó a completar el propósito de Dios, porque permitiste que tu corazón se desviara en pos de una actitud de juicio, de falta de consagración y rendición.

Tal vez estás dentro de tu casa, pero estás descontento, como el hermano del hijo pródigo (ver Lucas 15:11-32). Él se quedó en su casa, pero quejándose y diciendo:

— Mi padre no me trata como debería, y a mi hermano, que ha sido un desastre, le dan lo mejor...

Por este descontento se perdió la fiesta y se quedó fuera, quejándose.

Es como si un espíritu de insatisfacción, de descontento, de falta de gozo, se apodera de la persona. En muchas ocasiones es la queja la que detiene la mano de Dios e impide que te goces y alegres en la bendición y victoria de los demás.

Cuando la queja se apodera del corazón del hombre y de la mujer, eso trae desánimo, falta de confianza, amargura, juicio hacia los demás y hacia Dios.

En esas ocasiones sientes como si los designios y las promesas del Señor fueran para todos menos para ti. En lo profundo de tu corazón te entristeces y desanimas. La auto-compasión, el sentimiento de frustración y de victima, se apoderan de ti. ¡Dios no quiere eso!

Él quiere que le des gracias por lo que te ha dado, por tu familia, por el ministerio, por lo que aprendes, por la iglesia, por tu trabajo... Donde hay un corazón agradecido, sincero, tierno, allí está Dios, dispuesto a darle más.

Las grandes conquistas están a la puerta, no las pierdas por causa de la queja.

¿ESTÁS DISPUESTO A RENUNCIAR?

Detrás de la murmuración se encuentra el orgullo, la altivez del hombre. El enemigo de nuestra vida, que es el diablo, querrá torcer nuestros pensamientos para que no marchemos detrás de la voluntad del Señor. Pero Jesús quiere ordenar tus pasos. En el altar de Dios, cuando él santifica tu corazón, lo hace en una forma completa: en tus finanzas, en tu familia y también en tu manera de hablar.

Renuncia a todas las veces que no has sido agradecido y no supiste valorar el obrar del Espíritu Santo en tu vida. Pídele perdón por haberlo ofendido.

El pan nuestro, que descendió del cielo, es Jesús. Él vino manso y humilde a implantar su reino en cada corazón. Tu familia cambiará si cambia tu corazón; tu economía cambiará si cambia tu corazón; tu ministerio cambiará si cambia tu corazón.

Si no has logrado lo que Dios te prometió, es porque todavía te tiene en el horno de fuego quitando las impurezas.

A veces parece que Dios detiene su bendición sobre algunas personas y las hace pasar por una meseta espiritual. La insatisfacción está presente en sus vidas, simplemente porque todavía está el lado humano, carnal, su debilidad espiritual no ha sido vencida.

En esas personas el carácter y la madurez espiritual a la cual deberían haber llegado son aún muy débiles, muy elementales, y si Dios las bendice en ese momento, la bendición podría hacerles mal.

¿Cómo es esto? Es que si la bendición que Dios te da no va acompañada de humildad, de oración, de carácter, esta te aplastaría.

El Señor sabe y conoce qué cosas son las que puedes soportar hoy, y cuales no.

Las Escrituras nos dicen que la bendición de Dios es para bien, no hace daño. Sin embargo, hay muchos que esperan la bendición para hacerse ver, tienen un espíritu de orgullo, quieren mostrar sus hechos y proezas para hacer ver cuán útiles pueden llegar a ser. Entonces es el Señor quien detiene su mano por un instante, para enseñarte, porque quiere tratar primero con tu carácter, con tu santidad, con tu capacidad de perdonar y de tener una excelente relación interpersonal.

Si hay falta de perdón, si hay orgullo y no hay sometimiento a Dios, todo lo que él quiere hacer en tu vida terminará afectando tu santidad. Recuerda que «... *y la santidad, sin la cual nadie verá al Señor*» (Hebreos 12:14).

Hay personas que juegan con la salvación. No han tomado en serio su compromiso con Dios.

Somos nosotros, como hombres y mujeres, los que recibimos la bendición de Dios, pero tiene que ir acompañada de pureza, de transparencia, de un carácter moldeado, de búsqueda de su presencia.

¿Qué es lo más importante, tu imagen o tu corazón?

Observa con atención el pasaje que nos relata acerca de la vida de Saúl: *«Entonces Samuel dijo a Saúl: Locamente has hecho; no guardaste el mandamiento de Jehová tu Dios que él te había ordenado; pues ahora Jehová hubiera confirmado tu reino sobre Israel para siempre. Mas ahora tu reino no será duradero. Jehová se ha buscado un varón conforme a su corazón, al cual Jehová ha designado para que sea príncipe sobre su pueblo, por cuanto tú no has guardado lo que Jehová te mandó»* (1 Samuel 13:13-14).

Dios, habló a través del profeta Samuel, y le dijo a Saúl: *«Locamente has hecho».*

Saúl era un gran líder, un príncipe, un rey levantado por Dios, pero cometió una locura: ocupó un sitio que no le correspondía y ofreció un holocausto en medio de una batalla con sus enemigos. Esa actitud de impaciencia y desobediencia hicieron que Saúl fuera desechado por Dios.

Casi siempre Dios nos advierte de esas «locuras» que pueden afectarnos y quitarnos lo que él quiere darnos. Hemos sido llamados y elegidos para alcanzar metas y conquistar aquello que Dios nos llama a hacer. Sin embargo, hay áreas —principalmente en nuestro interior— que batallan con el propósito de Dios.

Debido a la petición expresa del pueblo, Dios le dio a Saúl como rey y lo puso en un lugar de liderazgo al que nadie había llegado antes. Sin embargo, Saúl tomó en poco la unción de Dios, actuó locamente. Impulsado por una actitud carnal y humana, se dejó llevar por su desesperación.

Se fue apartando hasta tal punto, y ocupando sitios que no le correspondían, que usurpó el lugar que Dios había determinado para otro. Humana y carnalmente se posesionó, despojó. Estas malas actitudes trajeron graves consecuencias para él.

Si Dios tiene que reprender y llamar la atención de la iglesia hoy, es en el área de nuestra forma de vida, del carácter cristiano, de la integridad, de lo que somos dentro y fuera de la iglesia. Por eso es tan importante que aprendamos cuáles fueron las actitudes que llevaron a Saúl al fracaso.

Después de una cruzada que realicé en el extranjero, me llamó una hermana para dar testimonio de lo sucedido durante mi visita. Uno de esos testimonios me dejó impresionado. Se trataba de un hombre, un cristiano de muchos años, que había participado las reuniones. Transcribo las partes más notables del relato:

El domingo por la mañana recibí una llamada de un hombre que había estado en la reunión del sábado por la noche. Cuando vino estaba muy escéptico con todo, pero aquella noche fue «derribado» por el Espíritu Santo y pasó un largo tiempo sobre el piso. Durante esos momentos el Señor estuvo tratando con él, convenciéndolo de pecado en su vida. Luego, abandonó la reunión y regresó al hotel, llorando incontroladamente hasta las seis y media de la mañana. Entonces llamó por teléfono a la mujer con la cual había mantenido relaciones adúlteras por espacio de once años. Cuando él estaba tendido en el piso la noche anterior, Dios le dijo que era su última oportunidad para enderezar su camino, o lo perdería todo.

Me llamó una semana más tarde. Le había contado toda la verdad a su mujer y a las autoridades de la iglesia, renunciando a todas sus responsabilidades en ella. Deseaba tomar un tiempo para arreglar las cosas en su propia vida ... Ayer volvió a comunicarse, pidiéndome una reunión con él y con

su esposa, para ser ministrados. Ella me manifestó esta maña-
na cuán agradecida estaba al Señor de que su marido hubie-
ra asistido a la cruzada. Cuando él le había anunciado que
deseaba participar, ella no estuvo de acuerdo. Tenía sospechas
de que algo andaba mal. Presentía que había otra mujer;
pero luego sintió la paz de Dios y lo puso en sus manos, per-
mitiéndole ir. Me reúno con ellos la semana próxima ...

Este hombre entendió que lo más importante no era la imagen que estaba dando mientras por dentro su vida y su matrimonio se derrumbaba. Cuántos aparentan por fuera estar muy bien, pero por dentro están destruidos ...

¡YA ES HORA DE QUE DEJES LA APARIENCIA!

A Saúl le preocupaba más la apariencia que limpiar su carácter. Lo único que anhelaba era que los demás lo vieran en una actitud de triunfo.

En su desesperación, mientras no sabía si Samuel llegaría para cumplir con su función sacerdotal, Saúl usurpó el rol del sacerdote, pretendiendo mostrar una apariencia de autoridad. Desoyó el mandamiento que Dios había establecido, dado que el rey no podía actuar como sacerdote. A Saúl le importó más la apariencia que el mandamiento de Dios.

Vivimos en un mundo donde se promueve constantemente todo lo que tiene que ver con la apariencia, la imagen y el prestigio. Esta misma lucha debió enfrentarla Naamán al sentir que Eliseo no lo recibía.

Pero también nos encontramos con la otra imagen que tratamos de ocultar. Es aquella donde nos cuesta mostrar que sufrimos, que nos hemos equivocado.

A veces luchamos con nuestros propios errores, evitamos

mostrar nuestra necesidad de ayuda. Uno de los grandes problemas que tienen muchos cristianos, es que cuando deben pedir ayuda, se callan y tratan de sobreponerse a las dificultades, solos.

Cuidan la apariencia y tienen miedo de qué van a decir de ellos, si cuentan lo que hay en su corazón.

Saúl cayó y perdió todo, básicamente por un problema de conducta interna. Dios lo desechó y buscó a otro hombre conforme a su corazón. Al Señor no le importó las batallas ganadas contra los filisteos, ni lo trascendente de la imagen de Saúl, porque él conocía que su corazón no era el correcto.

Lo que debe quedar grabado en tu corazón es que no debes caminar por apariencias, sino por la justicia y la verdad, que muestres una imagen no distorsionada de lo que eres, que los demás vean la realidad, sin que tengas que ocultar nada.

La Biblia dice que aquel que se acerca a Dios, es transformado. La presencia de la vida de Cristo va modificando tu vida. Es como cuando te expones al sol: no puedes ser la misma persona después de estar expuesto a Dios y a su Palabra.

Era tanto el orgullo que tenía Saúl, que cuando fue desechado estuvo más preocupado de la opinión de los demás, que de la opinión de Dios.

Dios había sentenciado sobre Saúl una palabra durísima; le dijo que le sería quitado el reino y dado a otra persona. Sin embargo, cuando Saúl escuchó esta palabra, en vez de pedirle a Samuel misericordia y piedad, pidió lo siguiente: *«Y él dijo: Yo he pecado; pero te pido que me honres delante de los ancianos de mi pueblo y delante de Israel»* (1 Samuel 15:30).

Saúl estaba preocupado por su apariencia, que no era, obviamente, el reflejo de su vivencia interior. Su vida había estallado literalmente, estaba hecha añicos. Sin embargo, buscaba salvaguardar su imagen delante de la gente y de los líderes.

¿De qué vale que llegues a la iglesia y trates de aparentar que todo está bien después de haber tratado mal a tus seres queridos, después de haberle pegado con ira a tus hijos, después de haber cometido algún tipo de infracción a la ley de Dios?

Uno de los problemas de muchos cristianos es la falta de sinceridad, la falta de transparencia para decir: «Me equivoqué, estoy mal, necesito ayuda».

La Biblia fue escrita para instruir, pero también para exhortar y mostrarnos que así como Dios trató con los antiguos, sin lugar a dudas tratará con nosotros, los que hoy estamos en el tiempo de la gracia.

David, por el contrario, era un hombre conforme al corazón de Dios. Era el otro lado del péndulo. Superó el rechazo de su familia. Nació en una familia que no lo estimó, que no lo tuvo en cuenta. Pero cuando llegó el profeta Samuel a su casa, fue para elegirlo como rey sobre toda la nación.

David no tenía un corazón herido, ni estaba enfermo a causa de las heridas provocadas abiertamente por su familia. La actitud de su corazón le permitió sobrellevar las cargas.

Aquí está la diferencia de carácter.

Mientras que alguien que pasa por presiones y luchas quita sus defensas espirituales y se entrega a la derrota y depresión porque su familia no lo tiene en cuenta, o le tienen celos, o no le dan oportunidades, otro guarda su corazón y no permite que las presiones de la familia, el egoísmo del mundo, las tentaciones de la sociedad, afecten su vida.

«Sobre toda cosa guardada, guarda tu corazón; porque de él mana la vida» (Proverbios 4:23). Permite que el Señor cambie tu carácter para que puedas parecerte cada día más a él. Examina cómo está tu corazón. ¿Estás preocupado por las apariencias, tratas de que la gente siempre te vea alegre, feliz, sobrellevando los problemas, pero en realidad te sientes fracasado y no lo demuestras?

David nació en una familia totalmente diferente a la de Saúl.

Saúl salió de una familia de buena posición, mientras que David provenía de una familia de pastores de ovejas. Saúl tenía linaje, tenía trayectoria, tenía apellido. David superó los escollos y tropiezos de haber nacido en un hogar sin linaje, sin historia.

David fue el más joven de entre sus hermanos, era una persona insignificante, sin peso dentro de su familia.

En aquella época se le daba prioridad al primogénito, que heredaba mayores beneficios. El último era poco estimado, pero desde allí abajo Dios lo levantó. Por eso —dice la Biblia— él puede tomarte de detrás de las ovejas y ponerte por príncipe y rey, como lo hizo con David.

Nadie te conoce, nadie sabe lo que haces, a pocos les importa lo que te pasa, pero Dios está a punto de sacarte del anonimato de donde estás. Él tiene planes y propósitos grandiosos para tu vida.

A pesar de todas las limitaciones de su juventud, David pudo enfrentar cada momento: la falta de estima, la falta de posibilidades, la falta de puertas abiertas. Confiaba permanentemente en lo que Dios le había dado. Era un joven muy positivo, porque conocía al Dios a quien servía y que siempre estaba con él.

Muchos sufren del pesimismo y de la atmósfera negativa que hay en el ambiente, pero *«Mayor es el que está en vosotros, que el que está en el mundo»* (1 Juan 4:4). Más fuerte y profunda es la relación que tienes con Dios que cualquier puerta que pudiera haberse cerrado a tu alrededor. Aun de los fracasos, Dios puede levantarte una y otra vez, si tu corazón es recto delante de él.

¿ALGUNA VEZ HAS SENTIDO TEMOR O PÁNICO AL FRACASO?

Saúl había permitido que el temor y la inseguridad ocuparan un lugar en su corazón. En muchas ocasiones, el temor es producido por el pánico al fracaso, el sobresalto de que las cosas te vayan mal. Muchos le tienen miedo a la palabra fracaso. Ya no quieren que forme parte de su vida. El temor te paraliza, te detiene, te afecta de tal forma que puede llevarte a hacer locuras, como las hizo Saúl.

Existen diversos tipos de temores: el temor a la muerte, el temor a quedarse solo, el temor a la enfermedad, el temor a la violencia, el temor al fracaso. En todos los casos el temor trae serios conflictos espirituales, porque cuando uno le abre la puerta al temor, este avanza hasta quitarnos el sueño y afecta nuestro estado anímico y físico.

La Biblia dice que *«el perfecto amor echa fuera el temor»* (1 Juan 4:18). Dios es nuestra torre fuerte, nuestra fortaleza; por lo tanto, no te apoyes en el hombre, apóyate en Dios. Ten confianza en aquel que es Rey de reyes y Señor de señores. Y aunque las puertas en este mundo se cierren, hay puertas en el cielo que se abren, oportunidades en Dios que son nuevas cada día.

Renunciemos al temor, porque el temor trata permanentemente de venir a nuestras vidas.

Hay trescientos sesenta y cinco «no temas» en la Biblia, uno para cada día del año. ¡No temas que Dios te defraude, porque Jesús es fiel y verdadero!

Durante cuarenta días Goliat desafió a Saúl, e incluso Saúl con toda su armadura y prestigio no pudo conformar un ejército capaz de enfrentarse a Goliat. Necesitaban de un joven desechado, olvidado, tenido en poco, llamado David, que fue quien le pidió una oportunidad de enfrentar a ese gigante, porque no tenía temor.

El temor nos hace ver los problemas más grandes de lo que son, nos quita los ojos de Dios y nos hace ponerlos en el problema.

Cuando vencemos el temor, vemos a Dios más grande que al problema. David vio el problema, pero sabía que no iba en sus fuerzas, sino en el nombre de aquel que es Poderoso, Alto y Sublime. David dijo: *«Jehová te entregará hoy en mi mano, y yo te venceré, y te cortaré la cabeza, y daré hoy los cuerpos de los filisteos a las aves del cielo y a las bestias de la tierra; y toda la tierra sabrá que hay Dios en Israel»* (1 Samuel 17:46).

El temor fija nuestra atención en lo que vemos, la confianza fija nuestros ojos en el Dios que no vemos.

Cuando Josué estaba a punto de conquistar la tierra de Canaán tuvo una experiencia increíble, la revelación del Hijo, de Cristo, en el Antiguo Testamento, quien le dijo: «Yo soy el capitán del ejército de Dios que estoy contigo, voy a darte la victoria y voy a entregarte la tierra que te he prometido, y cada lugar que pisare la planta de tus pies será tuyo».

Aunque no lo ves, Jesús está. Él lo prometió: *«Y he aquí yo estaré con vosotros todos los días, hasta el fin del mundo»*

(Mateo 28:20). La presencia de Dios está contigo, los ángeles de Dios batallan por ti. ¡No temas!

Si tienes miedo, Dios no puede movilizarse a tu favor. Tener miedo es no tener fe en la Palabra de Dios. En verdad, como hombres, somos pecadores, imperfectos, cometemos errores. No tenemos un pecado, tenemos varios.

Recuerdo aquella ilustración de un hombre que quiso robar un chorizo de la carnicería. Al verlos allí colgando de un gancho metálico, tiró con fuerza de uno de ellos, pero este chorizo estaba unido a otros. Grande fue su sorpresa cuando al salir corriendo vio toda aquella cantidad de chorizos que lo acompañaban detrás. Un pecado trae como consecuencia muchos otros. Esta lección podemos verla claramente a través de la vida de Saúl.

LA IMPACIENCIA PUEDE ECHARTE A PERDER LA VICTORIA

La palabra impaciente significa cansado de esperar. Eso es lo que sucedió con Saúl. Así lo relata el libro de 1 Samuel en el capitulo 13:8-11: *«Y él esperó siete días, conforme al plazo que Samuel había dicho; pero Samuel no venía a Gilgal, y el pueblo se le desertaba. Entonces dijo Saúl: Traedme holocausto y ofrendas de paz. Y ofreció el holocausto. Y cuando él acababa de ofrecer el holocausto, he aquí Samuel que venía; y Saúl salió a recibirle, para saludarle. Entonces Samuel dijo: ¿Qué has hecho?»*

Saúl se impacientó de tal manera que decidió ofrecer un holocausto, en lugar de Samuel.

La impaciencia nos lleva a la desobediencia. Samuel seguramente se demoró porque Dios estaba probando el corazón de Saúl. ¡Dios prueba tu corazón! En todo lo que es la vida cristiana debes tener cuidado y no apurarte. Hay un enorme potencial en ti, y el único que puede arruinarlo todo eres tú mismo. Cuando uno se equivoca, cuando uno no espera el consejo de Dios, entonces luego vienen las consecuencias.

Dios prueba tu carácter porque tiene lo mejor para ti. No pierdas lo que Dios te dio. Evita un sinnúmero de dificultades, espera en Dios.

Si Naamán se hubiese impacientado, a esta altura todo lo habría abandonado. Sin embargo, el mandato de Dios era que debía zambullirse siete veces, y él no lo había olvidado.

No te quedes a mitad de camino, la mitad no es tener alcanzado el objetivo.

¡Ten confianza, ten paciencia, sigue adelante!

No intentes negar el problema

El ejemplo de Saúl es el de un hombre que oyó el mandamiento, oyó la advertencia, pero siguió viviendo como si no pasara nada. Trató de ignorar la situación como si todo anduviese bien.

Hay cristianos que están en desobediencia, pero viven como si todo estuviese normal. En lo secreto viven en derrota, pero vienen a la iglesia y niegan su problema.

Saúl siguió demostrando al pueblo su liderazgo, como si todo estuviese bien. En realidad, Dios le había hablado duramente diciendo: «Tu reino se ha terminado». ¡Cuántas veces he visto a personas a quienes Dios les ha hablado, les ha dado una oportunidad, pero prefieren evadir el tema y desaprovechan la ocasión que Dios les da!

Este es uno de los grandes problemas que hay en la vida de algunos cristianos: son personas que viven comprometidas interiormente con algún pecado, que han adulterado, fornicado minutos antes de entrar a la presencia de Dios, al culto. Cuando llegan es como si todo estuviese normal y cantan, saludan al hermano, enseñan, predican, como si nada hubiese ocurrido. Pero en realidad su corazón y actitud ya le han sentenciado.

Cuando uno niega el problema se miente a sí mismo, trata de argumentar que es algo lógico y que Dios va a comprenderlo, cuando en realidad el Señor nos advierte del grave peligro que corremos.

Los grandes adulterios, las traiciones matrimoniales, nacen de pequeños encuentros que comienzan a conquistar el terreno del corazón. ¡Cuidado con la forma en que te relacionas con el otro sexo! Para algunos, el saludo, el abrazo inocente y cordial fue el principio de un sentimiento, de un pensamiento malo, que al obtener lugar en su mente y corazón, fue por más. Lentamente, se fueron involucrando, de pronto pensaron que había más comunión y acuerdo con aquel hombre, con aquella mujer, que con su propio cónyuge. Aquella relación sincera, cordial e inocente, se transformó en algo más.

¡Ten cuidado con tu corazón! ¡Ten cuidado con tu actitud hacia el otro sexo! No le des lugar a la carne, a las estrategias del enemigo, hasta que la obsesión, el lazo, la trampa esté armada de tal manera que caigas en ella.

Saúl estaba metido en el problema y lo negaba, vivía como si todo estuviese bien, cuando Dios lo había desechado y ya no tenía más su respaldo. Solamente tenía el título de rey.

Muchos tienen el título de líder, el título de cristianos, pero Dios ya no está más con ellos. Le han dado la espalda a las oportunidades que él les dio, justificaron sus actitudes y ocultaron su pecado.

Este es el tiempo de gracia donde Dios te advierte: «No cedas a la tentación de ir más allá de lo que Dios te ha puesto como límites».

Cuidado con las miradas del mundo, cuidado con aquellas cosas que tratan de seducirte, con las palabras, las caricias, las actitudes. La Biblia habla del lazo del cazador que está preparado para que la presa caiga. Dios te guarde a través de esta advertencia, a través de la obediencia a su Palabra.

Que el Señor pueda darte la victoria sobre todo aquello que te está atrapando.

Vela, guarda tu vida de aquellas cosas del mundo que puedan dañar tu vida, tu familia, tu corazón. No permitas que tomen el control las influencias negativas de los medios, de la televisión, de las relaciones interpersonales, de todo aquello que pueda abrir una puerta en tu vida para dar paso a la destrucción.

¡Estás a tiempo de tomar una decisión! Hoy Dios te da una nueva oportunidad...

¡Arrepiéntete, porque Dios viene a limpiar tu casa!

No vivas dentro de la iglesia como Saúl, negando tus problemas. No hagas un culto a un Dios a quien declaras con tu boca, pero que para ti está muerto, porque ya no oyes ni obedeces más su voz.

Lo horrendo, lo sucio, lo perverso, es estar en la iglesia y tratar de negar y ocultar tu problema para que nadie se entere, y mantener así tu «imagen», tu «prestigio». Date cuenta de que si esto te sucede, lo estás perdiendo todo.

¡Necesitas ayuda! ¡Tienes que confesar y arrepentirte! ¡No lo demores más!

Algunos son como un radiador de un auto, se le pegan todos los bichos. Un pecado trae otro pecado. Están llenos de malas emociones, tensiones y perversidades, pero todo está en lo oculto y secreto, como en el caso de Saúl. Nadie sabía lo que sucedía en su corazón, salvo él y el profeta Samuel, a quien Dios se lo reveló. No niegues la realidad. ¡Enfréntala y toma la victoria!

Lo que hizo que Saúl perdiera la unción fue la falta de control, la falta de dominio propio, el temor a las personas más que a Dios.

La tentación para algunos es en el área sexual, para otros es el temor, para otros es la depresión, para otros es un licuado de emociones y sentimientos que les ha producido amarguras, rencores, odios ... tienen un poco de todo.

Saúl fue ungido porque Dios lo levantó. De antemano el Señor le preparó eventos, situaciones, para que fuera levantado en su condición de ungido. Pero Dios tuvo que desecharlo porque su vida espiritual y su carácter no estaban en condiciones para permanecer en esa situación. En lo secreto Saúl era derrotado, mientras que en lo público aparecía como vencedor.

Muchos aman el poder, el ser reconocidos y vistos por los demás, pero ¿aman al Señor de la misma manera? ¿Qué hay realmente en sus corazones?

¡CUÍDATE DE LA REBELDÍA!

Le «dolió» a Dios haber levantado a Saúl por rey, y lo desechó. Fíjate en el corazón de amor y compasión de nuestro Dios. Pese a todo lo que Saúl había hecho, Dios se dolió, se apesadumbró, se entristeció. *«Me pesa haber puesto por rey a Saúl, porque se ha vuelto de en pos de mí, y no ha cumplido mis palabras. Y se apesadumbró Samuel, y clamó a Jehová toda aquella noche»* (1 Samuel 15:11).

Donde hay pecado, no hay aval, no hay presencia, no hay gozo. El gozo de Dios viene cuando hay arrepentimiento, cuando permitimos que Dios quite la opresión, el pecado de nuestro corazón.

Si Dios te exhorta y te muestra los errores de tu vida, entonces este es el momento en que Dios te llama a cambiar de actitud.

La Biblia dice que el pecado de adivinación es similar al de la rebeldía. Imagínate, compara la hechicería, las prácticas de ocultismo, de aquellos que invocan y usan el poder del diablo, con la rebeldía. Para Dios la rebeldía en el corazón de los hombres es un asunto de suma importancia.

¿QUÉ SIGNIFICA LA REBELDÍA?

La rebeldía es ...

- sublevarse contra la autoridad de Dios.

- negarse a obedecer.

- desechar su ley.

- negarse a escuchar la exhortación a tiempo.

- negarse a escuchar a sus enviados, a sus ungidos.

- despreciar a Dios y su ley.

- escuchar pero no obedecer.

- desechar la Palabra.
- negarse a andar por el camino, y andar según el mal camino que surge en el corazón.
- apartarse de los mandamientos.
- rehusar convertirse de corazón.
- resistir al Espíritu Santo.
- oponerse a la verdad.
- apartarse del culto, de buscar la presencia de Dios.
- entregarse a la idolatría.
- rebelarse conscientemente —cuando sabemos que uno actúa lejos de Dios—.

¡Pídele a Dios perdón y misericordia! En el corazón del hombre hay rebeldía, pero en el corazón de Dios hay gracia para perdonar. ¡Hoy hallarás oportuno socorro si acudes a él arrepentido!

LOS CELOS Y LA COMPETITIVIDAD PUEDEN DESTRUIRTE

Saúl competía con David. Cuando cantaban *«Saúl hirió a sus miles, y David a sus diez miles»* (1 Samuel 18:7), Saúl se retorcía de celos. Tenía un espíritu de competitividad, no podía ver que otra persona como David fuera levantada, y menos en su lugar. «¡No puede ser que amen y respeten más a un siervo mío que a mí!»

Hay cristianos que se retuercen y se duelen cuando Dios levanta a alguien. No aceptan que el Señor pueda usar también la vida de otra persona. Compiten, comparan, en su corazón no hay una actitud sincera, abierta.

Es un espíritu de egoísmo centrado en sí mismo y no en Dios. Algunos hasta tienen actitudes como las de Saúl: todo debe girar en torno a ellos más que al del Señor. Son mezquinos; la bendición solo puede ser para ellos, pero no para los demás.

Son avaros, pues nada los satisface y aun, estando en mejor posición, les preocupa el crecimiento y el desarrollo de otros.

Buscan la manera de evitar que los que están a su lado crezcan y se destaquen más que ellos. El mundo debe girar en torno a su enorme «yo». Son personas que en vez de ser canales e instrumentos de Dios para levantar a otros líderes, por su orgullo y vanagloria, por sus celos, ponen toda clase de trabas y obstáculos para que ellos no avancen ni sigan creciendo.

Son diques espirituales que impiden que se derrame el agua, la bendición.

Esto carcomía el corazón de Saúl. Él era el rey, pero no soportaba que hubiese otro que fuera amado y tenido en cuenta por el pueblo.

Lo más triste es que muchas veces los que sufren este tipo de celos, no lo asumen ni lo reconocen. Pero por detrás, tratan de impedir que la otra persona crezca o sea levantada.

Los celos, la competitividad los consumen. Ellos quieren ser los mejores en todo, no soportan que otro lo haga mejor. ¡Este era otro de los problemas que había en Saúl!

¡Cuántos hay que tienen celos enfermizos! Viven perseguidos y son extremadamente sensibles a todo. Son personas que sufren, que padecen.

¡Es tiempo de que renuncies a los celos, a la competitividad, y dejes que Dios sane tu corazón!

En Mateo 23:11-14, Jesús dice: «*El que es el mayor de vosotros, sea vuestro siervo. Porque el que se enaltece será humillado, y el que se humilla será enaltecido. Mas ¡ay de vosotros, escribas y fariseos, hipócritas! porque cerráis el reino de los cielos delante de los hombres; pues ni entráis vosotros, ni dejáis entrar a los que están entrando. ¡Ay de vosotros, escribas y fariseos, hipócritas!*»

¡EL ODIO PUEDE CONSUMIRTE!

Saúl había enfermado de odio, de envidia, de resentimiento. ¡Dios quite de nosotros todos estos males! Que la pureza de Cristo limpie cada área de nuestra vida. Ofrece tu vida, tu mente y tu corazón para que Jesús los lave. No deseches el propósito de Dios.

Prepárate para ser ese vaso útil con una vida limpia y transparente. Que tu alma pueda ser lavada y que Cristo sea formado en ti. Que puedas parecerte a Jesús y estar firme frente a las asechanzas del enemigo.

Es llamativo ver a muchos que se llaman a sí mismos cristianos, pero sus corazones están plagados de odios, rencores y amarguras. Son puertas abiertas por las cuales el enemigo querrá entrar para destruirte. «*Pues el que no ama a su hermano a quien ha visto, ¿cómo puede amar a Dios a quien no ha visto?*» (1 Juan 4:20).

Jesús nos enseñó a amar aun a nuestros enemigos. ¡Esa es la clase de corazón que Dios quiere formar en ti!

Renuncia al odio, a ser visto y reconocido por los demás. Que tu objetivo no sea ser admirado y respetado por otros; que tu anhelo sea que Dios te apruebe.

Debes ser de tal manera, que cuando él te mire, en sus ojos y su boca se dibuje una sonrisa.

Busca la aprobación de Dios y no de los hombres. No muestres una imagen de lo que no eres.

Es el Señor quien forma en ti un cristiano maduro, cambiado, transformado por su presencia.

Quizás haya cosas en tu vida que querrán alejarte de Jesús. ¿Cuál es tu sentimiento hacia tus padres, hacia tus hermanos?

No son pocos los cristianos que por alguna experiencia negativa se han amargado y resentido con otros. Sus corazones fueron contaminados. Allí en lo profundo de sus seres sigue el dolor y, al no ser sanados, no tardan mucho en convertirse en algo aún peor. ¡Santifícate! ¡Santifica tus sentimientos, desecha la maldad de tu corazón! ¡Purifica tu casa!

Dios no quiere desecharte, él no desea un pueblo lleno de celos, de competitividad, de temores, de odios y rencores, que solo piense en mostrar una imagen que en realidad no vive.

Sométete a Dios y renuncia a toda rebeldía, a todo rencor. Dios quiere limpiarte y operar en ti un milagro de transformación. Él quiere entregarte lo que le has pedido; espera un tiempo más, no te apresures, no te atrevas a hacer algo sin que Dios te avale. ¡Limpia primero tu corazón!

Si corres hacia su gracia, en vez de desecharte, te levantará más

Es increíble poder ver y observar el poder restaurador del perdón. Jesús nos enseñó a perdonar. No hay excusas, no hay situación demasiado dura y difícil que él no pueda ayudarte a dejar atrás.

Perdona a tus padres, perdona a tus hermanos, perdona al que te estafó, perdona al que te defraudó. Bendice a aquella persona con la cual competías y pídele a Dios que te unja con aceite de gozo, con óleo de alegría.

Su gracia, su favor inmerecido está sobre tu vida. ¡No lo deseches!

Naamán no merecía el milagro. Pero Dios tuvo misericordia. Él le habló y le mostró lo que debía hacer.

De esa misma manera, Dios te habla mientras lees las páginas de este libro, porque te ama.

Hoy es un día de oportunidades... Naamán lo sabía, por eso se disponía a zambullirse nuevamente.

Es tiempo de examinar tu corazón...

- ¿Cuáles son los enemigos a los cuales te estás enfrentando?

- ¿Rehúsas, rechazas, te opones a lo que Dios te está hablando?

- ¿Estás lleno de quejas, de chismes y de murmuración?

- ¿Qué es lo que te identifica: el gozo, la paz, el amor, la bondad ... o la tristeza, el desánimo, el dolor, el odio, el rechazo?

- ¿Te gozas cuando los que están a tu lado progresan y Dios los levanta, o te mueres de envidia y de celos?

- ¿Te interesa más tu imagen, tu apariencia frente a los demás, o tu corazón?

- ¿Has tenido que luchar con la rebeldía de tu corazón?

- ¿Por qué siempre intentas imponer tu voluntad por encima de la de los demás?

Querido lector, son tantos los enemigos que pueden llegar a destruir tu vida, tu corazón y tu alma, que la lista puede llegar a ser interminable. Es importante que te detengas y medites. Que determines cuáles son los que te están afectando a ti y hagas algo...

Ora conmigo en este preciso instante, dile al Señor tu Dios:

«Jesús, mi corazón se duele al ver cuántas heridas he recibido. Los enemigos me rodean y quieren verme destruido. Pero hoy apelo a tu gracia y misericordia para pedirte que me libres de todos ellos. Renuncio a la queja, al egoísmo, al rechazo, a la rebeldía ... renuncio a la apariencia y te pido un corazón genuino.

Jesús, quiero ser más como tú. Líbrame del desánimo, de la depresión, de la tristeza y pon tu paz, tu gozo y tu amor en mi corazón. Gracias Señor ... En el dulce nombre de Jesús, ¡Amén!»

QUINTA ZAMBULLIDA

LA CLAVE ESTÁ EN TU CORAZÓN

Me imagino la ansiedad de Naamán. Esta era la quinta zambullida. Cada vez se encontraba más cerca de la purificación, de la limpieza de su enfermedad. ¿Qué estaría pasando por su mente y su corazón?

Quizás el hecho de no tener ninguna señal visible de que estaba pasando algo, lo desorientaba, le generaba ansiedad... ¿Se cumplirá la palabra del profeta? ¿Por qué no ha sucedido nada todavía?

Mientras yacía mojado en medio del Jordán, su mayor batalla no tenía que ver con su entorno, sino que estaba en su corazón. Era cuestión de fe, de convicción, de confianza, de perseverancia.

Existen muchos soñadores, pero pocos se atreven a ser conquistadores.

¿Cuál es la diferencia entre unos y otros?

Todos podemos tener hermosos sueños. El de Naamán era ser sano de la lepra. Pero muy pocos son los que se atreven a dar pasos concretos para conquistarlos. En otras palabras, para que tu sueño se haga realidad, es necesario hacer algo primero.

Si te decides de corazón, lo lograrás. Pero si dudas, si miras las circunstancias, te confundirás. Cultiva en tu corazón una actitud diferente, la de un conquistador.

Este general sirio no desmayó, y nuevamente se sumergió en el río.

Entra en esta quinta zambullida.

CAPÍTULO

GUARDA TU CORAZÓN; PORQUE DE ÉL MANA LA VIDA

«Sobre toda cosa guardada, guarda tu corazón;
porque de él mana la vida».

(Proverbios 4:23)

DEBEMOS GUARDAR EL CORAZÓN

TÚ NO ERES UNA PERSONA MÁS, ERES RESPONSABLE DELANTE de Dios de aceptar que has sido llamado, separado y elegido para vivir en este mundo con un propósito estratégico. Seguramente no puedes imaginar todo lo que Dios tiene para ti, y cómo él puede a afectar esta sociedad para bien a través de ti.

Piensa por un instante en el papel protagónico y tan importante de la sierva de Naamán. ¿Quién conocía a esta muchacha? ¿A quién le importaba lo que hacía?

Era una simple esclava judía que servía en la casa del general. Sin embargo, este fue el instrumento que Dios escogió para glorificarse. Si la sierva no hubiese estado allí, nunca hubiese podido hablarle acerca del profeta Eliseo. Si ella no se hubiera atrevido a hablar, nada habría acontecido.

Por eso es importante que entiendas que tú has sido separado para llevar la presencia de Dios. Él te consagró, te apartó, te escogió como a los levitas. Por esa razón, el Espíritu Santo obra en ti, moldea tu carácter, tu temperamento, transforma tu vida, te enseña cada día más acerca de su Palabra, de su presencia, de su gloria.

Cuando entendemos lo que Dios quiere hacer en nuestras vidas, comprenderemos también que nuestra fe será puesta a prueba.

Aunque no te das cuenta, las pruebas, las luchas, las dudas, la tribulación; te van modelando, preparando. Si a pesar de esas circunstancias no te detienes, entonces podrás llevar en tu alma y en tu vida, la gloria, la presencia y la Palabra de Dios. Si solamente te entregas en las manos de él, ocurrirán milagros maravillosos, donde tú mismo quedarás sorprendido.

El Señor quiere adoradores que lo adoren en espíritu y en verdad, sacerdotes puros. Tu alabanza y adoración van ligadas a tu comunión e integridad. Si lo adoras, pero sigues viviendo en la apariencia, en la mentira, te estás engañando a ti mismo.

Tú eres parte de la nueva generación que sigue conquistando. Los levitas eran los encargados de oficiar en el templo, de ejercer su rol sacerdotal ante el pueblo. Eran los responsables de llevar la presencia de Dios, su Palabra, de enseñar sus caminos y verdades para que las guardaran y cumplieran. Tú eres un sacerdote de este tiempo, como lo dice la Palabra de Dios: *«Mas vosotros sois linaje escogido, real sacerdocio, nación santa, pueblo adquirido por Dios, para que anunciéis las virtudes de aquel que os llamó de las tinieblas a su luz admirable»* (1 Pedro 1:9).

¿Qué necesitamos para desarrollar nuestro ministerio hasta el máximo potencial?

UN CORAZÓN PURO

¿Qué es lo que endurece nuestro corazón? El engaño del pecado es lo que produce que nuestro corazón se endurezca, que nuestra vida espiritual se enfríe. El pecado convierte nuestro corazón puro en un corazón duro y contaminado.

Muchos vamos a la casa de Dios, pero nuestro corazón no es puro. Hay áreas que se han contaminado. Has hecho aleación, has permitido que se llene de elementos que, aunque brillan, no son genuinos ni verdaderos.

Hay muchas personas que no pueden dejar de vivir con un espíritu de rechazo y de odio hacia los demás. Es necesario que continuamente examinemos nuestro corazón.

Tal vez eres duro en tu forma de hablar, en tu forma de comunicarte con tu familia, con tu prójimo.

Tal vez te irritas demasiado rápido, pierdes el control de tus actos y te enojas sin ninguna razón.

Tal vez muestras una imagen de cristiano, pero estás lleno de queja y murmuración.

La lista de aquellas cosas que pueden afectarnos es enorme; algunas de ellas ya las hemos abordado.

Sin embargo, si cavamos aún más hondo, nos encontramos con la disconformidad. Esta palabra nos sugiere que en realidad dudamos de la bondad, del plan y del propósito de Dios. Como resultado, entramos en un estado de angustia permanente, que luego genera irritabilidad, descontrol y falta de paz interior.

Las personas que pierden esa pureza tienen un espíritu poco creíble, no son confiables.

Hay quienes se han dejado contaminar de tal manera, que cada vez están más solos, porque nadie quiere estar con ellos. Personas irritables, indeseables, inquietas y envidiosas. Brillan por fuera y dan una imagen que fácilmente puede confundirnos, pero el fuego de Dios divide los elementos que componen esa aleación y pronto nos daremos cuenta que en realidad no es oro puro lo que vemos.

Cuando la Biblia habla del fuego purificador, habla de pruebas, de luchas, de batallas. Dios quita las impurezas, y esto es en realidad una gran bendición para tu vida, porque quedarás limpio y puro.

Es necesario morir primero

Otra figura de ello que encontramos en la Palabra de Dios es la del grano de trigo. Si el grano de trigo no muere, si no cae en tierra, es imposible que traiga fruto. ¿Qué significa morir? ¿Morir a qué?

Morir significa dejar de ser en forma definitiva, absoluta. El significado implica rendirse totalmente en las manos del Señor, entregarle nuestra vida por completo. Es morir a nuestra «vieja naturaleza», a los deseos de la carne, al orgullo, a los celos, a la envidia, a la mentira, a la fornicación ... al pecado.

Recuerdo la historia de cierto anciano sabio que, pese a las enormes luchas que había padecido y de los grandes éxitos alcanzados, siempre pudo mantener un perfil equilibrado. Un joven que conocía su testimonio, intrigado acerca del secreto del éxito de su vida se acercó y le preguntó:

— Quisiera saber cuál es el secreto del éxito en su vida.

Durante unos minutos el anciano pensó, y luego le hizo una petición aparentemente absurda ...

— Para que conozcas mi secreto debes hacer lo siguiente: vete al cementerio, párate frente a las tumbas y dile a los que allí están enterrados todos los halagos y palabras buenas que se te ocurran.

El joven, asombrado, sin entender lo que el anciano quería decirle, cumplió con aquel mandato. Cuando regresó el anciano le preguntó:

—¿Qué sucedió?

El joven respondió con rapidez:

—¡Nada!

Luego, el anciano volvió a decirle:

—Ahora ve y dile a aquellas personas que se hallan enterradas, todo lo malo, nefasto, denigrante que se te ocurra.

Al volver el joven y ser interrogado acerca del resultado de esta segunda experiencia, la respuesta fue igual a la anterior:

—¡No sucedió nada!

—¿Por qué? —le preguntó el anciano.

—Es que estaban muertos y no podían responderme ni hacer nada.

Entonces el sabio anciano mirándole, le dijo:

—La clave de mi éxito es estar muerto.

Aquel joven se marchó de allí meditando aquella lección. Debería aprender a no reaccionar cuando alguien lo adulara, levantara y exaltara. Pero también a estar muerto cuando alguien lo maltratara, criticara e insultara...

¡Cuán difícil se nos hace morir a nuestra carne, a nuestro «yo», al orgullo ...!

El Señor quiere que caiga el grano de trigo en tierra, para que comience a dar fruto de justicia, fruto que lo glorifique a él. Por ello muchas veces deberás morir a tu orgullo, a la vanagloria, a la exaltación ... pero también deberás morir a la crítica, a la murmuración, a las falsas acusaciones.

¡No dejes que tu corazón se contamine!

Es necesario un corazón nuevo

Las Escrituras nos dicen que Jesús quiere darnos un corazón nuevo: *«Esparciré sobre vosotros agua limpia, y seréis limpiados de todas vuestras inmundicias; y de todos vuestros ídolos os limpiaré. Os daré corazón nuevo, y pondré espíritu nuevo dentro de vosotros; y quitaré de vuestra carne el corazón de piedra, y os daré un corazón de carne. Y pondré dentro de vosotros mi Espíritu, y haré que andéis en mis estatutos, y guardéis mis preceptos, y los pongáis por obra»* (Ezequiel 36:25-27).

Dios te da un nuevo corazón, tierno, dócil, sensible.

Muchas cosas te han contaminado y endurecido, pero hoy el fuego purifica tu vida para que vuelvas a ser blando, para que puedas ser nuevamente ese instrumento útil que el Alfarero va a formar en ti.

El corazón de muchos ha sido tan maltratado que está lleno de heridas y de dolor. Solo Jesús puede cambiar un corazón roto, destruido, cargado. Hoy es una buena oportunidad de acercarte a la presencia de Dios y clamar para que te dé un corazón nuevo.

Muchos han perdido ese primer amor, esa sencillez, esa humildad. La soberbia y el conocimiento, en vez de sensibilizarlos, los han endurecido, y sus corazones se han transformado en corazones duros, sin pasión y sin amor.

Tienes que volver a ser ese hombre, esa mujer con un corazón puro y sensible a la presencia de Dios.

DIOS TE LLAMA A SALIR DE LA COMODIDAD Y LA MEDIO-CRIDAD QUE TE DOMINAN

Mi oración es: «¡Que el Señor nos saque de la comodidad!»

La comodidad nos hace daño.

Uno de los factores de mayor riesgo en el cuerpo humano, que le trae problemas al corazón, es la falta de actividad física. Desde los comienzos, Dios creó al hombre para que este se moviera. Pero la vida moderna le ha quitado al hombre el tiempo de moverse y hoy el hombre se moviliza utilizando ... el auto, el autobús, las escaleras mecánicas ...

A causa del poco caminar, del poco ejercicio, comenzamos a percibir en nuestro cuerpo ciertos síntomas que afectan todo nuestro estado físico.

Así como el cuerpo ha sido creado para que se ejercite, se esfuerce y actúe, el Señor te ha llamado para que, como cristiano, ejercites tu fe.

Dios te creó para que muestres su amor a los demás, te dio la capacidad de ser un canal hacia los perdidos, pobres y necesitados.

Sin embargo, hay muchos en esta época que han permitido verse afectados por la comodidad y la mediocridad, hasta el punto de que han dado lugar a que su vida se vea reflejada en una imagen de tibieza espiritual, sin compromiso, sin pasión por lo que hacen.

De palabras sirven a Dios, pero con sus hechos lo niegan. Han entrado en una especie de juego donde lo malo no es tan malo; y lo bueno no lo es tanto. Sus vidas están llenas de «grises».

Si ven a alguien con pasión por Dios, comprometido, con integridad, no lo imitan, antes bien se burlan de él y lo acusan de fanático.

Ha llegado la hora de definirnos entre ser fríos o calientes. Ya no hay tiempo y lugar para que los tibios sigan deteniendo la obra de Dios. ¡Es tiempo de que seas ardiente y ferviente en lo que haces para el Señor!

Para Dios, tienen poco valor, los cristianos tibios, los que no se han dedicado, los que no han decidido abiertamente a pagar el precio de vivir para él, de honrarlo, y hacer su voluntad.

¡Es tiempo de que sacudas la comodidad de tu vida, y te definas!

Fíjate en el deseo del corazón de Dios. Él nos dice en Apocalipsis 3:15-16: *«¡Ojalá fueses frío o caliente! Pero por cuanto eres tibio, y no frío ni caliente, te vomitaré de mi boca».*

Todos somos personas que tenemos debilidades; pero este es el tiempo donde lo que va a diferenciarnos es la fe y la sensibilidad en el corazón, cuando decimos: «Dios, si les he faltado el respeto a mis padres, si no he sido tierno, si no he dado amor a las personas, si he tenido orgullo, si he pecado, te pido perdón».

Dios quiere darte un corazón puro. No permitas que las cosas del mundo te ensucien.

Él te llama al arrepentimiento, a que puedas ser sensible a su Palabra, a una religión pura, a que las obras de la carne puedan ser reemplazadas por el Espíritu y que todo lo que es mentira, enojo, maledicencia … huya de tu vida y sea reemplazado por la verdad, la paciencia y el amor.

La religión pura es guardarse del mundo

Las cosas del mundo son enemistad para Dios. No hay

comunión entre la luz y las tinieblas. Tu corazón debe mantenerse puro y agradable a Dios.

Observemos lo que dice el libro de Santiago en el capítulo 1, versículo 27: *«La religión pura y sin mácula delante de Dios y el Padre es esta: Visitar a los huérfanos y a las viudas en sus tribulaciones, y guardarse sin mancha del mundo».*

El mundo tiene una doble faceta, pero Dios quiere darte un corazón puro, que anhele su presencia, que marque la diferencia. Que lo que es importante para ti sea lo que es importante para el Señor. Él quiere quitar de tu vida toda impureza, engaño, malhumor, hipocresía, dualidad, deslealtad, celos, competitividad, mentiras, vicios ... y darte un nuevo corazón. Tu espíritu, alma y cuerpo serán santificados, y tu mente será llena de su presencia si comienzas a ver las cosas como él las ve, si te consagras y te rindes a él.

Dios quiere que vivas la religión pura, la vida pura y abundante que Cristo te dio.

Quizás te preguntes qué significa la religión pura.

La religión pura es hacer las obras de justicia. Es practicar la justicia como estilo de vida. Es hacer algo bueno para el necesitado, sin esperar nada a cambio, aunque nadie lo advierta, lo reconozca ni lo destaque.

Lo que te mueve es lo que hay en tu corazón: esas obras producto de la paz que tienes en tu interior, como resultado de la pureza, de la veracidad de lo que vives.

La verdadera religión es ocuparte de lo que debes ocuparte. Es buscar primeramente el reino de Dios y su justicia. Es preocuparte por el que sufre, por el enfermo y el necesitado, por servirlo y amarlo con el amor de Jesús.

Que la otra persona pueda sentir que el mismo Señor lo ayuda, lo visita a través de ti. Es demostrar lo que uno aprende de Jesús y llevarlo a la vida práctica. Millones de personas poseen un conocimiento intelectual de la Palabra de Dios, pero hacen muy poco para llevarlo a la práctica y vivirlo cotidianamente.

¿Qué clase de religión practicas? En el Evangelio de Mateo 25:31-46 leemos: «*Cuando el Hijo del hombre venga en su gloria y todos los santos ángeles con él, entonces se sentará en su trono de gloria, y serán reunidas delante de él todas las naciones; entonces apartará los unos de los otros, como aparta el pastor las ovejas de los cabritos. Y pondrá las ovejas a su derecha y los cabritos a su izquierda. Entonces el Rey dirá a los de su derecha: "Venid, benditos de mi Padre, heredad el Reino preparado para vosotros desde la fundación del mundo, porque tuve hambre y me disteis de comer; tuve sed y me disteis de beber; fui forastero y me recogisteis; estuve desnudo y me vestisteis; enfermo y me visitasteis; en la cárcel y fuisteis a verme". Entonces los justos le responderán diciendo: "Señor, ¿cuándo te vimos hambriento y te alimentamos, o sediento y te dimos de beber? ¿Y cuándo te vimos forastero y te recogimos, o desnudo y te vestimos? ¿O cuándo te vimos enfermo o en la cárcel, y fuimos a verte?" Respondiendo el Rey, les dirá: "De cierto os digo que en cuanto lo hicisteis a uno de estos mis hermanos más pequeños, a mí lo hicisteis". Entonces dirá también a los de la izquierda: "Apartaos de mí, malditos, al fuego eterno preparado para el diablo y sus ángeles, porque tuve hambre, y no me disteis de comer; tuve sed, y no me disteis de beber; fui forastero, y no me recogisteis; estuve desnudo, y no me vestisteis; enfermo y en la cárcel, y no me visitasteis". Entonces también ellos le responderán diciendo: "Señor, ¿cuándo te vimos hambriento, sediento, forastero, desnudo, enfermo o en la cárcel, y no te servimos?" Entonces les responderá diciendo: "De cierto os digo que en cuanto no lo hicisteis a uno de estos más pequeños, tampoco a mí lo hicisteis". Irán estos al castigo eterno y los justos a la vida eterna*».

LO QUE HACES O DEJAS DE HACER, LO HACES PARA EL SEÑOR

Por eso Jesús nos insta a llevar a nuestra vida cotidiana el servicio al Señor. Ni un solo vaso de agua que alcances a algún necesitado quedará sin recompensa. La actitud de tu corazón determinará la calidad de cristiano que eres.

La sierva de Naamán fue el instrumento escogido por Dios. Había sido fiel durante muchos años, trabajó en el anonimato. Pero un día se le presentó la oportunidad de marcar la diferencia. Comprendió que esta era la oportunidad de servir al Señor, de bendecir al amo para el que trabajaba. ¡Dios fue fiel y no permitió que una de sus hijas fuera avergonzada!

Cuando trabajas para Dios en el anonimato, cuando eres fiel en lo poco ... ¡¡¡sobre mucho te pondrá el Señor!!!

En estos tiempos en que somos testigos de profundas crisis en diferentes partes del mundo, hay algo que me llama poderosamente la atención: la falta de valores, de modelos íntegros de vida y conducta, las prioridades invertidas.

¿Qué es más grave: una familia destruida o una profunda crisis económica?

En verdad las crisis económicas pueden desatar situaciones difíciles en más de una familia, pero difícilmente puede el dinero comprar el amor genuino, la paz, la integridad, la verdad, los valores y principios fundamentales que nos ha dejado el Señor establecidos en su Palabra.

Una familia bien plantada, con un corazón sano y recto, podrá superar la crisis y vencerla. Una sociedad con un corazón sano podrá triunfar y derrotar a cualquier enemigo que atente contra ella, pues Dios la defenderá.

Pero, ¿qué sucede cuando prevalecen la maldad, la corrupción y el pecado?

Lo que sucede en tu corazón puede ser el principio de un

gran avivamiento, de tiempos de bendición y de gloria, o de una gran debacle, de caídas y destrucción. Tú eres quien lo determina.

Esa es la historia de Josué y Caleb (Números 13 y 14). Ellos eran parte de los doce espías que habían sido enviados a reconocer la tierra «donde fluía leche y miel», cuando Israel, después del éxodo de Egipto, llegó a las puertas de aquella tierra que Dios le había prometido.

Estos doce espías recorrieron la tierra y llevaron el informe a su pueblo.

Diez de ellos hablaron mal, se desanimaron con los gigantes, tuvieron temor de las ciudades fortificadas. Solo dos se atrevieron a marcar la diferencia. Caleb, puesto en pie clamó:

— ¡Nosotros podremos más que ellos, tomemos posesión de la tierra, pues Jehová está con nosotros! ¡Los comeremos como pan!

No hubo ningún «¡amén!» Ni tampoco un «¡gloria a Dios!»

Al contrario, quisieron matarlos.

Frente a esta situación crítica, fue Dios mismo quien los defendió.

Leemos en Números 14:24 *«Pero a mi siervo Caleb, por cuanto hubo en él otro espíritu, y decidió ir en pos de mí, yo lo meteré en la tierra donde entró, y su descendencia la tendrá en posesión».*

La actitud de estos hombres conmovió el corazón de Dios hasta el punto de que fueron los únicos sobrevivientes de aquella generación que pudieron entrar a poseer la tierra.

¿Por qué?

En el libro de Josué 14:7-8 encontramos la respuesta: *«Y yo*

les traje noticias como las sentía en mi corazón. Y mis herma-
nos, los que habían subido conmigo, hicieron desfallecer el
corazón del pueblo; pero yo cumplí siguiendo a Jehová mi
Dios».

El secreto de Caleb radicaba en su corazón. Él tenía «otro espíritu», le creyó a Dios.

Ninguno de los otros pudo entrar, pero él sí. ¡Dios lo introdujo allí!

Hay veces que Dios no puede entregarnos la tierra prometida, porque en nuestro corazón hay dualidad, incredulidad, pecado ... muchos tienen «doble ánimo».

Esto nos habla de lo que sucede en nuestro corazón. Si hoy Dios tuviera que opinar de ti, ¿qué diría? ¿Diría «a este lo introduzco yo»?

Todos los demás hablaron mal, criticaron y murmuraron, pero el verdadero siervo de Dios guarda su corazón. ¡Guarda tu corazón de la contaminación del mundo!

Recuerdo lo que aconteció en cierta ocasión en la Plaza Noruega, a pocas cuadras del lugar donde hoy se encuentra el templo de la Iglesia Rey de Reyes:

En aquella plaza viví experiencias poderosas. Recuerdo
cómo se manifestaba el Señor libertando a los oprimidos por
el diablo. Tanta era la necesidad que debíamos atenderlas en
un lugar aparte. En una ocasión, una mujer budista se sentó
frente a mí, en la plaza. Ignoro cuál era su motivación, pero
por lo que pude percibir no estaba en nada a favor de la pre-
dicación del evangelio. La joven había levantado una espe-
cie de altar con una vela encendida. Cuando oramos,
reprendí al demonio que la tenía dominada y voló con todo
y vela hacia atrás. Dios avergonzó el poder de los ídolos.

Otra noche, un grupo de psicólogos se autoconvocó en la plaza «para estudiar el fenómeno». Observaron todo lo que hacíamos y luego se reunieron en una pequeña ronda para deliberar. Una psicóloga se me acercó, observando cómo oraba por las personas, y me pidió: «Enséñeme la técnica». Yo le dije: «¿Qué técnica?» Ella me respondió: «La técnica de hipnosis, porque yo uso la francesa. En la facultad me enseñaron esa técnica, pero me dijeron que uno tiene que establecer contacto visual con la persona, y usted a veces ni siquiera las mira. ¿Qué técnica usa?»

Sorprendido, le dije: «¡La técnica de Dios! Y la puede recibir solo aquel que se arrepiente de sus pecados y acepta a Jesús como Señor».

En uno de los edificios que había frente a la plaza vivía una odontóloga que escuchó los testimonios de las muelas empastadas por el Señor, y dijo: «Voy a sacarle la máscara a esos mentirosos». Una noche vino con su hijita, dispuesta a mirarle la dentadura a todos los que testificaban la sanidad, para decir luego que era un engaño. Su actitud no era receptiva, al contrario. Lo grandioso sucedió cuando oramos. De repente, su hija comenzó a gritar: «¡Me quema, me quema!» La niña se señalaba la boca. Cuando la madre la miró, vio que tenía las muelas empastadas con platino. ¡Se manifestó una gran victoria en los lugares celestiales!

Muchas personas que se encuentran a tu alrededor querrán hablar mal de ti, de lo que Dios está haciendo en tu vida. Algunos tomarán una posición crítica, otros murmurarán, otros intentarán desanimarte en el propósito que Dios tiene contigo. Pero tú, sobre todas las cosas, ¡guarda tu corazón!

¡Repara tu altar!

En el momento en que recibes y escuchas el llamado de Dios de ir a su presencia, allí comienza el proceso de la santificación. Dios no puede santificarte sin que antes te presentes a él. La santificación es el proceso en que primeramente tú te acercas al altar. Es donde tomas una decisión.

Dios le dijo a Naamán a través de su sierva lo que debía hacer, pero él tuvo que tomar la decisión.

Luego, le habló a través del siervo del profeta ... y nuevamente tuvo que actuar y tomar una decisión.

Si tu altar espiritual está arruinado, Dios quiere reconstruirlo. Si hay cosas que habían estropeado tu vida espiritual, él va a comenzar a reconstruirlas, porque tú has sido llamado a una vida plena con Cristo. No has sido convocado a la mediocridad, sino a conocer a Dios. No puedes vivir una vida llena de contradicciones. No debes vivir de una manera dentro de la iglesia y de otra, fuera de ella.

¡Debes ser genuino y vivir en todo orden y aspecto de tu vida de la misma forma!

¡Basta de hipocresía! Llegarás a ser santo cuando lo busques. Llegarás a ser más como Jesús, cuando en lo íntimo y personal aceptes este llamado y vivas una vida acorde a la Palabra de Dios.

Debes entender que llegarás a ser aquello que aceptes en tu corazón.

¿QUÉ COSAS ACEPTAS EN TU VIDA COMO UNA REALIDAD?

Es posible cambiar cuando comiences a creerlo, a proclamarlo y a aplicarlo en tu vida. Prepárate, porque lo que Dios ha dispuesto hacer en tu vida, eso ocurrirá.

Él cambiará tu corazón y transformará tus hábitos. Él imprimirá una nueva fuerza interior en ti, de tal manera que los que te rodean podrán verlo.

Dios te dice claramente en este tiempo: «Ven al altar, tú eres parte de mi pueblo escogido, eres parte del pueblo que he separado para mí, y yo haré de ti una nación grande y fuerte. Te bendeciré y multiplicaré. Bendeciré a los que te bendijeren y engrandeceré tu nombre y te defenderé».

Si has estado cargando con culpas, con luchas y con peso en tu corazón, quiero decirte que hay un lugar de victoria, hay un lugar de paz, de esperanza, de cambio, que te espera. Ese lugar es el altar, es el lugar donde te arrepientes y renuncias a todo lo que te ha contaminado.

Ese lugar puede ser donde estás en este mismo momento leyendo este libro. ¡No es casualidad! Dios te llama a un cambio profundo en tu vida.

No te mezcles ni te acoples con ideas, pensamientos, música, entretenimientos, costumbres y modelos de hombres del mundo. Renuncia al espíritu competitivo, al espíritu envidioso, celoso del mundo, y toma el espíritu de Cristo, representado por una toalla y una palangana para lavar los pies a sus discípulos. Es el espíritu del servicio, de entrega, de renunciamiento.

Recibe a Jesucristo no solamente como Salvador, sino recibe el llamado de ser santo, el llamado a permanecer firme, el llamado de vivir en forma diferente, el llamado de ganar la batalla. Que como en el caso de Caleb, los que están a tu lado puedan discernir en tu vida «otro espíritu», que nace desde tu corazón.

Caleb se jugó la vida, y Dios se la salvó.

Repara el altar que está arruinado. Reacomoda las piedras. El Señor está allí en este mismo momento. Si te colocas en ese altar postrado, humillado, descenderá su fuego, verás su gloria y reconocerás una vez más que es él quien está contigo.

Tú eres parte de la generación que va a conquistar el reino de Dios, que va a alcanzar los triunfos que alcanzaron los apóstoles. El Señor te dice: «Toda autoridad te ha sido dada».

El proceso de santificación ligado a nuestra búsqueda de Dios, tiene mucho que ver con lo que sucede en nuestro corazón. La Biblia dice que el Señor se manifestará en su templo, nosotros somos el templo del Dios viviente. Él se mostrará súbitamente en aquellos templos espirituales que se han abierto al obrar de Dios, y lo buscan.

Es tiempo de búsqueda, de arrepentimiento, que producirá que se modifiquen hábitos, conductas, actitudes, y Dios pondrá tus prioridades en orden y traerá sanidad y restauración en tu vida.

Si lo buscas, prepárate porque el Rey de Gloria, el Mensajero de Paz, aquel que trae la victoria y la recompensa, aquel que es el amado de tu alma, aquel que viene de parte de Dios, viene a tu vida.

La dimensión, la altura de lo que va a suceder en tu vida, va a ser algo extraordinario, revolucionario. Por eso necesitas un tiempo para estar a solas con él, arrodillarte, postrarte ante su presencia y restaurar tu altar.

Recuerda que en los peores momentos, en los tiempos de mayor crisis, de lucha, es cuando más tenemos que tomarnos el tiempo necesario para acercarnos a Dios, para que su presencia nos sane, restaure y levante. Tu corazón es un tesoro preciado, no permitas que el enemigo lo contamine ni destruya.

Naamán se encontraba ya muy cerca de alcanzar la meta. En su corazón había una gran lucha. Pero confiado, siguió adelante: esperaba el milagro de Dios.

EXAMINA TU CORAZÓN AHORA...

- ¿Qué cosas son las que te movilizan en tu interior?
- ¿Qué sentimientos guardas en tu corazón hacia los demás?
- ¿Buscas vengarte, hay falta de paz, estás herido?

Hoy Dios quiere darte un corazón nuevo, quiere cambiar tu corazón de piedra por uno de carne, sensible, lleno de amor.

«Señor Jesús, hoy vengo a ti, para pedirte que cambies mi corazón. Dame un corazón nuevo, restaura mi interior.

Necesito restaurar mi interior. Que la dureza y vanidad que hay en mí se vayan y vengan tu paz y tu amor.

Enséñame a amar. Dame paz más allá de todo entendimiento. Que el gozo sea mi fortaleza.

Hoy Jesús, te entrego mi corazón».

SEXTA ZAMBULLIDA

TOMA LA VICTORIA SOBRE LA HIPOCRESÍA

En muchas ocasiones nos encontramos con personas que estaban a un paso de una gran victoria, pero por alguna razón dieron marcha atrás y perdieron su oportunidad de conquistar la promesa.

Naamán solo se encontraba a un paso, faltaba muy poco, pero es imposible llegar a la séptima zambullida si no pasamos primero por la sexta.

Al mirar su carne, todo seguía igual. Por fuera la lepra continuaba allí, pero en su corazón crecía la expectativa. No había nada en lo físico que pudiera asegurarle la victoria, la limpieza de la lepra.

Pero en su corazón seguían retumbando las palabras que Dios le dio: «Ve y lávate siete veces en las aguas del río Jordán».

En su mente aumentaba la batalla entre la fe y la incredulidad.

¿Y si el gran general no sanaba? ¿Acaso podía aparentar, habría salida para esa situación? Pero ya se había decidido, faltaba poco, iba a lograrlo.

Ven, y métete en esta apasionante sexta zambullida ...

9

CAPÍTULO

CÓMO LIBERARNOS DE ESA FALSA RELIGIOSIDAD

«El que se humilla será enaltecido».

(Lucas 18:14)

CUANDO HABLAMOS DE NUESTRO CORAZÓN, HABLAMOS de lo que sentimos, de lo que nos parece, de nuestras actitudes, emociones y razonamientos.

Naamán, apenas recibió la palabra de Dios a través del siervo del profeta, se enojó. Su primera reacción manifestó algo que estaba en su corazón. Pero las palabras persuasivas de sus siervos lo llevaron a reflexionar, y no tardó en cambiar. Fue sensible al consejo sabio y prudente de sus amigos.

¡Cuántos ejemplos como estos encontramos hoy! Personas que en su corazón alguna vez dijeron: «Nunca voy a pisar la iglesia». Sin embargo, hoy los vemos sentados en el primer banco, escuchando la Palabra de Dios y recibiendo de su bendición.

Cuando hablamos de liberarnos de la «falsa religiosidad», hablamos de aquellas actitudes de hipocresía y arrogancia que se producen en la persona que se cree a sí misma «muy religiosa». Son personas que muchas veces, aun sin darse cuenta, manifiestan un menosprecio hacia los demás. Esto era lo que Jesús decía de ellos: *«A unos que confiaban en sí mismos como justos, y menospreciaban a los otros, dijo también esta parábola: Dos hombres subieron al templo a orar: uno era fariseo, y el otro publicano. El fariseo, puesto en pie, oraba consigo mismo de esta manera: "Dios, te doy gracias porque no soy como los otros hombres, ladrones, injustos, adúlteros, ni aun como este publicano; ayuno dos veces a la semana, doy diezmos de todo lo que gano". Mas el publicano, estando lejos, no quería ni aun alzar los ojos al cielo, sino que se golpeaba el pecho, diciendo: "Dios, sé propicio a mí, pecador"».*

Os digo que éste descendió a su casa justificado antes que el otro; porque cualquiera que se enaltece, será humillado; y el que se humilla será enaltecido» (Lucas 18:9-14).

En la traducción bíblica Lenguaje Actual, este pasaje comienza así: *«Una vez, Jesús estuvo hablando con unas personas, de esas que se creen muy buenas y que siempre están despreciando a los demás ...»*

¿Quiénes eran y quiénes son aquellos que están dominados por ese espíritu de «religiosidad»?

Lamentablemente, somos testigos de que muchos de aquellos hombres y mujeres que son en extremo «religiosos» manifiestan en su interior actitudes que distan mucho de aquello que Dios espera de ellos. Esta misma realidad tuvo que enfrentarla Jesús. En aquel entonces había algunos de los fariseos que eran hombres «muy religiosos», celosos de la ley y de la tradición, pero que en sus corazones vivían en pecado. Estos líderes tenían ciertas características que distaban mucho del testimonio que debían dar. Confiaban en sí mismos, se creían justos y muy buenos, pero menospreciaban a los demás.

La palabra fariseo significa «separado». Ellos mismos se sentían así. Lejos de una actitud de humildad como sacerdotes para ser ejemplo al pueblo, se manifestaban hacia los demás como los únicos religiosos buenos de aquel entonces. No había otros como ellos …

Parte de la descripción de las actitudes que tenían estos hombres se reflejaba en que eran engreídos, muy religiosos, diezmaban, ayunaban, oraban … y todo esto lo hacían en público, para ser vistos por los demás.

Muchos de ellos despreciaban a los que eran diferentes, y no toleraban que alguien opinara algo distinto. Su palabra era «la última palabra». ¿Conoces a personas así?

En Mateo 16:6 la Biblia dice: *«Y Jesús les dijo: Mirad, guardaos de la levadura de los fariseos y de los saduceos».*

Esta era una dura advertencia a guardarse de este tipo de apariencia de religiosidad y espiritualidad. Lo que Jesús intentaba decirles es que no eran genuinos, sino simples religiosos. El problema no era que fuesen fariseos o saduceos, de hecho algunos de ellos eran seguidores de Jesús y más tarde muchos serían parte de aquella primera iglesia del libro de Hechos. El problema estaba en aquellos que se creían superiores, en sus formas de actuar y proceder, sus palabras, su arrogancia, denotaban lo que realmente había dentro de su corazón. No era precisamente un espíritu de amor, de humildad … podríamos definirlo como un espíritu de «religiosidad».

Hoy día, resulta más difícil detectar a quienes tienen este espíritu, como el de este grupo de fariseos de aquella época.

En aquellos días se les identificaba fácilmente, incluso por su forma de vestir, de actuar y de hablar. Algunos de ellos llegaban a hacer cierta «ostentación espiritual», para captar la atención sobre sí mismos.

Su forma de representar la religión era muy marcada, no solamente por su espíritu, sino por su vestimenta. Hoy los fariseos que pueden llegar a estar en la iglesia no llevan barbas largas, ni togas, ni tienen posturas muy particulares como las que algunos de ellos tenían en aquel entonces. Estos se paraban en algún momento del día en las esquinas y extendían sus brazos para que vieran sus filacterías —hilos— que mostraban su justicia, su santidad. Cuanto más prolongados eran esos hilos, más respeto merecían. Hasta que un día llegó Jesús y les dijo: «*¡Ay de vosotros, (…) fariseos hipócritas!*» (Mateo 23:13).

Pero, lamentablemente, al mirar a nuestro alrededor descubrimos que aún hoy puede estar ese espíritu religioso metido en medio de la iglesia. ¡Es tiempo de que salga aquello que no es genuino! Dios busca corazones sinceros que quieran agradarle.

En 2 Timoteo 3:1-5 (TLA) leemos: «*También debes saber que en los últimos días, antes de que llegue el fin del mundo, la gente enfrentará muchas dificultades. Habrá gente egoísta, interesada solamente en ganar más y más dinero. También habrá gente orgullosa que se creerán más importante que los demás. No respetarán a Dios ni obedecerán a sus padres, sino que serán malagradecidos e insultarán a todos. Serán crueles, se llenarán de odio. Dirán mentira acerca de los demás, serán violentos e incapaces de dominar sus deseos. Odiarán todo lo que es bueno. No se podrá confiar en ellos, porque esos orgullosos actuarán sin pensar. En vez de obedecer a Dios, harán solo los que le venga en gana.*

Dirán que aman y respetan a Dios. Pero con su conducta demostrarán lo contrario. No te hagas amigo de esta clase de gente ...»

En esta cita se describe con claridad lo que acontecerá en los últimos tiempos. Personas que dicen amar y respetar a Dios, pero que con sus hechos y actos los niegan. ¿Puede ocurrir esto dentro del pueblo de Dios?

El Señor pone su mirada en aquellos que tienen un buen corazón. A él no le impresionan nuestras cualidades personales, nuestro carisma, nuestro dinero, nuestra capacidad o sabiduría. Tampoco los buscó en David, según lo que le dijo a Samuel: *«No mires a su parecer, ni lo grande de su estatura, porque yo lo desecho; porque Jehová no mira lo que mira el hombre; pues el hombre mira lo que está delante de sus ojos, pero Jehová mira el corazón.»* (1Samuel 16:7).

Recuerdo cuando levantamos la iglesia en el barrio de Belgrano, en Buenos Aires. Muchos lo habían intentado antes que nosotros. En aquellas oportunidades, buscaban al gran hombre de Dios para la zona; alguien que supiera tratar con los empresarios y profesionales que vivían en Belgrano. Con el tiempo, Dios me llevó allí. Yo nunca estuve en los planes de nadie. No figuraba en ninguna lista de candidatos, pero Dios se acordó de mí.

Me identifico con David. Él estaba con las ovejas, era un hombre de campo, rústico ... su compromiso era estar con las ovejas detrás del rebaño. Y de allí lo sacó Dios, de detrás de todo, para darle el lugar que le tenía preparado. Aunque pocos parezcan tenerte en cuenta, Dios te ama entrañablemente y tiene planes para tu vida. Tal vez ningún hombre pensaría en ti al hacer sus planes. Pero Dios se acuerda de tu vida, y a su tiempo te dejará asombrado. El Señor romperá todo obstáculo y superará toda expectativa y pronóstico acerca de tu vida. Si buscas esa relación genuina con el Espíritu Santo, la gracia, los talentos los pone Dios y te llevará a una nueva dimensión en tu vida. ¡Alégrate porque él te ha escogido!

¿Cómo podemos identificar el espíritu de «religiosidad»?

1. Los que nunca reconocen sus errores.

La opinión de aquellos líderes «religiosos» de aquel entonces era una opinión final. Su forma de pensar, su forma de razonar la fe, eran la última palabra. No había manera de convencerlos de que estaban equivocados. Eran porfiados en no admitir sus errores y obstinados en sostenerlos, pasara lo que pasara. Un cambio de postura u opinión era interpretado como una debilidad. Su imagen (apariencia) debía ser fuerte, segura.

Son aquellos que nunca reconocen sus errores. Los que siempre quieren tener la razón en todo.

Discuten, aunque saben que no tienen la razón. Tratan de autojustificar sus actitudes y razones.

Muchos de ellos no lo saben, pero en realidad cultivan un espíritu de rebeldía en su interior.

En 1 Samuel 15:23 leemos: «*Porque como pecado de adivinación es la rebelión, y como ídolos e idolatría la obstinación. Por cuanto tú desechaste la palabra de Jehová, él también te ha desechado para que no seas rey*»

Debemos aprender a ser más sensibles cuando Dios nos marca errores, y no ser tan rebeldes, queriendo mantener nuestros argumentos delante de Dios diciendo: «¡Yo no me equivoqué, en realidad esto es así!».

Muchos tratan de convencer a Dios de que son buenos, de que hay otros peores que ellos. Se justifican en la actitud y pecados de los demás.

Tal vez algunos de ellos piensan que tienen una gracia extra. Pero, ¡cuidado, no tires mucho de la soga, puede romperse!

Yo he llegado incluso a ser testigo de situaciones en que estas personas han llegado al extremo de pensar: «Como otros han caído en pecado, ¿que hay de malo en que caiga yo?».

Recuerdo el caso concreto de un hombre:

Cristiano desde hacía muchos años, conocedor de la palabra, líder nato con un gran carisma ... Su vida por fuera parecía la de un padre de familia ideal, pero por dentro se estaba destruyendo. Permanentes pleitos con su esposa e hijos iban desgastando la relación cada día más. Por fin, la situación pareció haberlo desbordado y buscó ayuda pastoral. Él y su esposa acudieron para buscar la salida a su problema. No había intimidad en el matrimonio, el maltrato a su esposa era constante, la comparación con otras mujeres y hogares parecía irresistible para él, hasta que por fin Dios comenzó a revelar lo que realmente estaba aconteciendo. En sus horas de trabajo, muchas veces sin que su esposa supiera nada, vivía engañándola. Se sentía atraído fuertemente hacia el adulterio, aunque nunca lo había confesado. Al quedar expuesto, lejos de arrepentirse y pedir perdón buscando la restauración y sanidad de su matrimonio y familia, comenzó a autojustificarse en ejemplos negativos de líderes o pastores que han caído en pecado. Llegó al extremo de insinuar que si David fue débil y cayó en pecado ... ¿por qué no iba a caer él?

Su familia se estaba destrozando ante sus ojos, pero él seguía con su ceguera, tratando de justificar su debilidad, pretendiendo que los demás le dieran la razón.

Cuán alto es el precio que algunos pagan por no querer arrepentirse de sus pecados y cambiar en su corazón.

Delante de Dios, la obstinación es como la idolatría, como la hechicería, como la adivinación; es cuando alguien no quiere cambiar de actitud.

Ese es uno de los problemas que hoy enfrenta la iglesia. Personas tercas en no cambiar de actitud, aun cuando saben que están equivocadas. Se congregan, participan de las actividades de la iglesia, saben que hay áreas en su vida que necesitan ser cambiadas, pero no les importa.

El sabio, según la Biblia, es el que recibe corrección.

Ser sabio es aprender a admitir que uno debe cambiar de actitud. Quien tiene un espíritu de «religiosidad» es aquel que no recibe corrección, no la acepta. Es aquel que se cree a sí mismo más allá de cualquier opinión que puedan darle los demás. Es quien dice: «Yo no oigo consejo de hombres, yo oigo a Dios».

Se enoja cuando alguien le señala sus errores. Se enoja con su líder o con su pastor, y cuando queda en evidencia, se va a otra célula o a otra iglesia. Con el tiempo, cuando el otro líder detecta el espíritu de religiosidad, de apariencia que hay en él y comienza a mostrarle cosas que debe corregir, surge lo que hay en su interior y dice: «¡A mí nadie va a decirme lo que tengo que hacer!»

Pablo debió enfrentar esta misma situación con personas que se encontraban a su alrededor. Quisiera que te tomaras tiempo y leyeras el siguiente texto, extraído de las Sagradas Escrituras —La Biblia— (TLA). Lee atentamente: *«Pero hay gente malvada que no dejan que otros conozcan la verdad acerca de Dios. Y Dios, que vive en el cielo, está muy enojado con ellos. Esa gente sabe todo lo que puede saber acerca de Dios. Pues Dios mismo se lo ha mostrado. Por medio de lo que Dios ha creado, todos podemos conocerlo, y también podemos ver su poder. Así que esa gente no tiene excusa, pues saben de Dios, pero no lo respetan ni le dan las gracias. No piensan más que en puras tonterías y en hacer lo malo. Creen que lo saben todo, pero en realidad no saben nada. En vez de adorar al único y poderoso Dios que vive para siempre, adoran a ídolos que ellos mismos se han hecho; ídolos con formas de seres humanos, mortales al fin y al cabo, o con forma de pájaros, de animales de cuatro patas y de serpientes.*

Por eso Dios los ha dejado hacer lo que quieran, y sus malos pensamientos los han llevado a hacer con sus cuerpos cosas vergonzosas. En vez de adorar al Dios verdadero, adoran a dioses falsos; adoran las cosas que Dios ha creado, en vez de adorar al Dios que las creó y que merece ser adorado por siempre. Amén.

Por esa razón, Dios ha dejado que esa gente haga todo lo malo que quiera. Por ejemplo, entre ellos hay mujeres que no quieren tener relaciones sexuales con los hombres, sino con otras mujeres. Y también hay hombres que se comportan así, pues no volvieron a tener relaciones sexuales con sus mujeres y se dejaron dominar por sus deseos de tener relaciones con otros hombres. De este modo, hicieron cosas vergonzosas los unos con los otros, y ahora sufren en carne propia el castigo que se buscaron.

Como no han querido tener en cuenta a Dios, Dios los ha dejado hacer todo lo malo que su inútil mente los lleva hacer. Son gente injusta, malvada y codiciosa. Son envidiosos, asesinos, peleoneros, tramposos y chismosos. Hablan mal de los demás, odian a Dios, son insolentes y orgullosos, y se creen muy importantes. Siempre están inventando nuevas mane-

ras de hacer el mal, y no obedecen a sus padres. No quieren entender la verdad, ni se puede confiar en ellos. No aman a nadie, ni se compadecen de nadie.

Saben que Dios ha dicho que quienes hacen esto merecen la muerte, pero no sólo siguen haciéndolo sino que felicitan a quienes también lo hacen» (Romanos 1:18-32).

Al leer este texto vemos la transparencia con que Pablo aborda este tema. Censura a aquellos que ya conocen la Palabra; es más, hasta quizás hayan tenido un encuentro personal con Dios, pero que lentamente se han desviado y llegado a extremos de oponerse por completo a la Palabra de Dios.

Personas que se obstinaron en justificar sus derrotas, en vez de vencerlas y transformar sus realidades. Les cuesta asumir la corrección, antes se ofenden y lo malinterpretan, dando lugar a la queja y el enojo en su corazón.

Hebreos 13:17 dice: *«Obedeced a vuestros pastores, y sujetaos a ellos; porque ellos velan por vuestras almas, como quienes han de dar cuenta; para que lo hagan con alegría, y no quejándose, porque esto no os es provechoso».*

El Señor nos habla de «obedecer», de tener una actitud de sujeción. Es importante que aprendas a rendir cuentas de tus actos y confíes en una autoridad espiritual. Reconoce que si Dios le dio autoridad a alguien es porque esa persona está sujeta a la autoridad.

No podemos ejercer autoridad si no aprendemos a andar bajo autoridad.

Es como ese policía que dirige el tránsito; no actúa individualmente, sino que es parte de una estructura y una autoridad delegada. Tenemos autoridad cuando estamos bajo autoridad.

La Iglesia tiene autoridad, porque está sujeta a Cristo. Cristo es el Señor de la Iglesia y por eso todos tenemos que estar bajo la sujeción de una autoridad, y de esa manera podemos desarrollarnos y aprender a caminar en amor y armonía, ejerciendo y delegando también en otros la autoridad que Dios nos ha dado.

En cierta ocasión una mujer se acercó para contarnos su testimonio:

Desde muy pequeña tuve que aprender a sobrevivir y a enfrentar los problemas sola. Mi papá nos abandonó, y mamá trabajaba todo el día para podernos dar de comer y vestir. Lejos de Dios, agotada y fatigada, mamá llegaba a casa cada día cansada y abatida. Solo había reproches, enojos, maltrato… hasta que por fin decidí huir de casa. Yo crecí en la calle. La violencia, el alcohol, la droga estaba a mi alrededor… Siendo muy jovencita conocí a un muchacho y me enamoré de él. Decidimos casarnos y vivir juntos. Las cosas anduvieron cada vez peor. Cuando llegué a la iglesia me di cuenta de cuál era mi problema, yo quería manejarlo todo. Manipulaba a mi esposo, lo maltrataba y humillaba permanentemente, mi hogar era un caos aunque en realidad yo no quería eso.

Fue allí donde Dios comenzó a hablarme a través de su Palabra y tuve que aprender a ocupar mi lugar. Me fue muy difícil cambiar, pero comencé a tratar bien a mi esposo. Ya no tomaba decisiones sola, sino que ahora le consultaba. Trataba de hacerle sentir bien y al volver del trabajo lo recibía con lo mejor. Al principio mi esposo creía que yo estaba loca, luego pensó que lo estaba engañando con otra persona y ante el temor que lo descubriera lo trataba bien. Hasta que se dio cuenta de que en mí había un cambio genuino… Pasó poco tiempo para poder convencer a mi marido de que me acompañara a la iglesia, pues él también quería conocer a ese Dios que le había devuelto a su esposa y que le permitía ocupar su lugar en la familia.

En cambio, el espíritu de «religiosidad» no lo dice abiertamente, pero en su corazón se cierra, desconoce la autoridad, es rebelde, dice: «¡Yo soy más espiritual que mi esposo, o que mi esposa, él se tiene que sujetar a mí! ¡Yo soy más espiritual que este líder, que este pastor, él está equivocado!»

2. Los que continuamente ven los errores y faltas de los demás y son muy críticos en todo.

¡Qué fácil es ver las faltas y los errores de los demás! Es muy fácil querer corregir o marcar los errores de otros. Hay personas que viven obsesionadas pensando en las debilidades de los otros. Son implacables, hasta crueles y encaprichadas en castigar con dureza a los demás.

La actitud de Jesús nunca ha sido esa. Dios no es división ni agresión; Dios es amor. Incluso la corrección y la disciplina siempre deben estar motivadas desde un corazón lleno de amor, no de odio ni de rencor.

En Apocalipsis, donde leemos los mensajes que el Señor le manda a cada una de las diferentes iglesias de Asia, se comienza haciendo un llamado al arrepentimiento y a la corrección. El Señor primeramente las anima, destacando lo bueno, su virtud, su testimonio. Luego les dice que él conoce sus obras, el esfuerzo, el trabajo, la dedicación. Por último, les muestra aquello que deben cambiar, su falta, su error, su debilidad, la parte que a Dios no le agrada. El espíritu de Cristo no es un espíritu que cuando corrige hiere, lastima, destruye. Muy al el contrario, primero nos muestra cuánto nos ama.

Uno de los problemas más serios que se dan en la relación entre los seres humanos es que cuando queremos mostrarle nuestro disgusto a alguien, nuestras palabras se llenan de ira, de maledicencia, de enojo. Descargamos todo nuestro peso emocional, nuestra indignación. No son pocos los hijos que sufren, que son heridos con las palabras que sus propios padres les han dicho. Casi siempre expresan que esas palabras de sus padres los llenan de ira, que su corrección los lastima.

Es verdad que muchas veces los padres tienen sus propias presiones y en vez de dar una palabra primero con amor, antes de corregir y enseñarles con paciencia, corrigen con dureza, descargan su ira y su enojo. Efesios 6:4 dice: «*Y vosotros, padres, no provoquéis a ira a vuestros hijos, sino criadlos en disciplina, y amonestación del Señor*». En la Biblia TLA dice: «... *no hagan enojar a sus hijos. Más bien edúquenlos y denles enseñanzas cristianas*».

¡Cuánto tenemos que aprender para desarraigar de nuestras vidas el espíritu de religiosidad, de falsedad, de apariencia! El Señor quiere limpiarnos, quiere lavarnos.

Algunos de los fariseos se creían perfectos, en los demás veían solamente lo negativo.

El trabajo del diablo es acusar, desanimar a los que han creído, a los que quieren seguir la fe de Cristo. Aprendamos de Jesús y ofrezcamos palabras de amor antes de corregir y exhortar. Porque Dios nos ama, es por lo que nos corrige.

3. LOS QUE SE CREEN MEJORES EN SU PROPIA OPINIÓN Y PERMANENTEMENTE JUZGAN A OTROS.

Son aquellos que no miran su propia viga, sino que ven la paja en el ojo ajeno. Miran los errores de los demás. Hay gente que siempre está juzgando, pretendiendo que los demás cambien, pero ellos mismos no tienen ni la menor intención de ello. El mundo entero les falla ... nadie los entiende, ni comprende por lo que pasan. Son justos en su propia opinión y permanentemente juzgan a los demás.

En Gálatas 6:1 el Señor nos enseña cómo reprender, cómo hablar: *«Hermanos, si alguno fuere sorprendido en alguna falta, vosotros que sois espirituales, restauradle con espíritu de mansedumbre, considerándote a ti mismo, no sea que tú también seas tentado»*.

Lo que debe primar en la iglesia es «considerarnos a nosotros», nuestras debilidades. No mirar las debilidades de los demás, sino ver antes las nuestras, que podríamos estar pasando esa misma prueba, esa misma debilidad.

¿Cómo te gustaría a ti que te corrijan? ¿Cuál es el trato que esperarías?

Esta es una buena oportunidad de que comiences a hacer tu examen, no mires a los demás. ¡Empieza hoy y atrévete a cambiar!

4. LOS QUE SE CREEN «PRIVILEGIADOS», POR ENCIMA DE OTROS, DELANTE DE DIOS.

El religioso dice: «¡Gracias a Dios que no soy como los demás! ¡Yo puedo tener acceso a Dios en un espacio que los demás no tienen!»

Por alguna razón han llegado a creer en su propia imagen, y piensan que de la misma manera van a poder impresionar a Dios. Buscan los privilegios antes que la actitud de humildad.

La razón por la cual cayó Lucero, el ángel perfecto que Dios había creado junto con todos los seres angelicales fue por haberse engreído, por ser soberbio, por pensar que era más que los demás.

Lamentablemente, la Biblia nos relata que la tercera parte de los ángeles lo siguieron. Es decir, que aun, en su actitud equivocada, aquellos que tienen ese espíritu encuentran «adeptos» que les creen, y los siguen, aunque en su corazón están mal.

Proverbios 16:18 dice que «*Antes del quebrantamiento es la soberbia, y antes de la caída la altivez de espíritu*». Y en 6:16-17 menciona: «*Seis cosas aborrece Jehová, y aun siete abomina su alma: los ojos altivos ...*»

El Señor quiere darnos un corazón diferente para poder mirar a todos por igual, a no someter a los demás, sino a considerarlos incluso superiores a nosotros mismos. Deja de menospreciar a los demás, de ponerlos en un plano de inferioridad. ¡Aprende de Cristo!

Dios no nos ha puesto para que critiquemos a los demás, para que los juzguemos, para exponer sus debilidades y hacer escarnio de ellos.

Dios no hace acepción de persona, él nos ama a todos por igual.

El mismo apóstol Pedro tuvo que aprender esa lección al ser enviado por Dios a la casa de Cornelio (Hechos 10). En el versículo 28 en la traducción de la Biblia Lenguaje Actual leemos: «*Ustedes deben saber que a nosotros, los judíos, la ley no nos permite visitar a personas de otra raza ni estar con ellas. Pero Dios me ha mostrado que yo no debo rechazar a nadie*».

5. LOS QUE PIERDEN LA PRESENCIA DE DIOS EN EL CAMINO Y TODO SE VUELVE RUTINARIO, RELIGIOSO, SIN PASIÓN.

El espíritu de religiosidad se revela cuando nuestra vida devocional no está cargada de pasión, sino de religión. ¿Oro solamente para que los demás me vean orar?

Algunos de los fariseos oraban levantando las manos, para dar un espectáculo, para que los demás se detuvieran a escucharlos y verlos; pero su corazón estaba lleno de envidia, de egoísmo, de mentira, de pecado.

La oración no era pasión, no era búsqueda de Dios, no los llevaba al arrepentimiento, sino que era algo externo, exagerado, solo para ser vistos.

¡Cuántas veces actuamos en una forma parecida a los fariseos de aquel entonces, nos arrodillamos a orar pero nuestra mente está en otro lado! Hay actitudes que demuestran que en realidad no estamos decididos y dispuestos a cambiar.

Muchas veces oramos, cantamos, levantamos las manos, nos tomamos de la mano de los demás, pero nuestro corazón sigue duro, indiferente, apático a Dios; solo es para aquietar nuestras conciencias, para justificarnos y agradar a los demás.

Si conoces la Palabra de Dios y no tienes un cambio de actitud después de haber orado, cantado, reído, de haberte sumergido en la presencia de Dios, debo decirte que entonces actúas con en el espíritu del fariseísmo. Solo quedas en una cuestión externa, emocional o sentimental, pero aún está lejos de ser una actitud que nace del corazón. ¡Cuidado, no es necesario que hagas un espectáculo; si no es genuino, si no te lleva a un cambio, solo es algo externo que le traerá poco fruto a tu corazón!

La oración es pasión, es comunión con Dios. Orar no es decirle a Dios lo que debe hacer, orar es preparar nuestro corazón para oír su voz y obedecer a lo que él quiere decirnos.

Debemos pedirle al Señor que ablande nuestro corazón para que oigamos su voz, para que nuestro corazón cerrado, sediento, afligido, pueda hacer su voluntad y seamos sanados y restaurados.

Cada vez que levantamos nuestras manos y cantamos, pidámosle al Señor un corazón diferente para no cantar de la boca para afuera, sino para hacerlo desde nuestro interior.

Hemos de estar dispuestos a cambiar y a pedir que nuestras debilidades se conviertan en victorias.

La iglesia que Dios va a buscar es una iglesia que anda en el primer amor, una iglesia ferviente en pasión por él.

Cuando amas a Dios y amas su iglesia, la cuidas, la proteges, no deseas herirla ni lastimarla.

6. Los que no le rinden plenamente su voluntad al Señor.

El diablo puede robarte muchas cosas, pero no tu voluntad. Dios te ha creado con la facultad de decidir. Tomar buenas decisiones es algo que todo ser humano debe aprender.

El espíritu de «religiosidad» es palabras, palabras y más palabras. Hay muy poco fruto que ver. Salimos, pero no pasa nada. Estamos involucrados en los mismos problemas, en las mismas debilidades, en la misma rutina.

En 1 Juan 3:18 leemos: *«Hijitos míos, no amemos de palabra ni de lengua, sino de hecho y en verdad».*

Yo puedo pasarme la vida diciéndole a la gente de mi alrededor que la amo, pero si no hago nada, no sirve. En nuestros hechos y acciones se demuestra lo que hay en el corazón.

Este es el tiempo en que debemos emplear nuestra voluntad, quebrar nuestro corazón duro y permitirle a Dios que lo moldee y cambie.

Dios quiere que des un vuelco en tu vida, un vuelco en la iglesia, un vuelco en tu relación con él.

Tenemos que edificar la iglesia sobre las bases que él nos enseñó. Una iglesia santa, no mundana, no mera religiosidad. Una iglesia obediente, que dependa de él, no de la actitud egoísta que enaltece nuestra propia vanagloria.

El cristiano que vive atado al espíritu de religiosidad depende de su propia opinión, se cree sabio, pero el que ama a Dios tiene un corazón conforme a la voluntad de Dios.

¿Qué tenía David que Dios pudo decir *«Este es un hombre conforme a mi corazón»*? No era perfecto, cometió errores, excedió los límites en algún momento, pero el Señor dijo de él: *«He hallado a David hijo de Isaí, varón conforme a mi corazón, quien hará todo lo que yo quiero»* (Hechos 13:22).

Esa es la clave: no mostrar algo que no somos, sino dejar que el Señor nos moldee, y hacer todo lo que el Señor quiere que hagamos. Es aprender a depender de Él.

Para salir de la religiosidad que consume tu vida es necesario que te decidas, que ejerzas tu voluntad.

7. Los que demandan recibir en todo momento reconocimiento por lo que hacen.

El fariseo le dijo a Dios en su oración: *«...ayuno dos veces por semana, doy el diezmo de todo lo que gano, hice aquello, hice, hice, hice...»*.

Muestra lo externo, busca que todos reconozcan lo espiritual que es. Se ofende cuando los demás no se dan cuenta de lo que hace. Busca el reconocimiento en el plano de la iglesia; porque tal vez en el mundo ha sido rechazado.

Cuando Dios quiere reconocerte no necesitas decir ni una sola palabra: la gente va a ver lo que tienes. ¡Él abrirá puertas, él te promoverá!

El espiritual no anda hablando todo el tiempo y diciendo que tiene palabra. La gente sola va a pedirle una palabra, porque se da cuenta que nace de su corazón.

No hagamos las cosas para que el hombre las vea, esperando recompensa del hombre. La recompensa de los hombres al lado del reconocimiento de Dios, no es nada.

La Biblia dice que no busquemos el reconocimiento de los hombres, porque el hombre paga mal al lado del Dios que da recompensa a los que lo aman y sirven de todo corazón.

Efesios 6:6 dice: «...no sirviendo al ojo, como los que quieren agradar a los hombres, sino como siervos de Cristo, de corazón haciendo la voluntad de Dios».

No hagas las cosas para ser visto. Hay muchos que lo único que buscan es figurar, pues tienen un espíritu de religiosidad, y al igual que algunos de los fariseos de aquel entonces, solo quieren destacarse a sí mismos. Si nadie los ve, entonces no les importa y no están dispuestos a sacrificarse en nada. Este no es el espíritu que actuó en Jesús. Él dijo: *«El Hijo del Hombre no vino para ser servido, sino para servir»* (Mateo 20:28).

Muchos solo piensan en ser servidos, pero no quieren servir. Hace tiempo los veíamos con una actitud muy hermosa y transparente sirviendo al Señor, pero han cambiado: ahora buscan el protagonismo, ser vistos, reconocidos. Dios usó sus vidas en algo, y ahora quieren levantar sus propios nombres más que el nombre de Cristo. Esto mismo les sucedió a aquellos fariseos que condenaron a Jesús.

Es hermoso ver cuando Dios respalda y levanta a una persona. Si tú tienes algo de Dios, cállate y deja que sea Dios quien lo muestre. Las cosas de Dios no pueden ocultarse, porque él las saca a la luz. Cuando Dios pone unción, esa unción brota, se nota, se ve, se percibe en el corazón.

El espiritual pasa inadvertido muchas veces, habla poco y hace mucho: ayuna, ora, sostiene, levanta los brazos, ama, corrige y está al lado del que sufre.

El carnal habla mucho, pero no hace nada. Solo le importa su imagen, lo que los demás piensan y ven en él. Levantan su propio nombre antes que el nombre de Dios.

Que podamos tener un espíritu dócil, tierno y sensible a las cosas del Señor. Cuando alguien ha estado en comunión con Dios y la presencia del Espíritu Santo está con él, las demás personas se dan cuenta. Eso es lo que le pasó a Pedro, cuando le decían que hablaba como Jesús.

El espíritu de «falsa religiosidad» podemos revertirlo si estamos con Dios, si tomamos tiempo para meditar y estudiar su Palabra. Esto nos hace cambiar una actitud equivocada, donde en vez de buscar nuestro propio reconocimiento, reconocemos a Dios.

¡Más de él y menos de nosotros!

8. Los que tienen un espíritu de crítica y juzgan el mover de Dios.

Critican que los cultos son muy largos, critican el mover de Dios, critican la forma de orar, critican la palabra ... critican hasta los milagros y las manifestaciones del poder de Dios. El espíritu de religiosidad juzga lo externo sin discernir lo que sucede en el interior. Se detiene en las formas, costumbres y tradiciones. Estas personas se asustan de lo genuino, de lo nuevo, de lo verdadero.

Sabemos que cuando Dios se mueve es como el viento,

nadie sabe a dónde va ni de dónde viene, pero lo sentimos, lo vemos al moverse las hojas de los árboles, ahí está.

Al religioso no le gustan los cambios. Cambiar la liturgia le pone muy nervioso, porque en sus tradiciones mantienen el control de las cosas. En el fondo, muchas veces existe un espíritu de manipulación enfocado en intereses egoístas.

Cuando comienza a manifestarse la gloria de Dios y sus esquemas se rompen, encontramos oposición. A aquellos que tienen ese espíritu de religiosidad, Jesús los incomoda. En aquel entonces querían deshacerse de Jesús, les molestaba porque los dejaba en evidencia. Por eso comenzaron a acusarle de toda clase de mentiras, para impedir que continuara la obra de Dios.

Hoy las cosas no son muy distintas. ¡Ya es tiempo de que el control de nuestros cultos se lo demos a Dios!

Aun en tus devocionales privados, en tu casa y en el trabajo, Dios quiere sorprenderte.

Cuando Dios comenzó a derramar de su Espíritu Santo, empezamos a vivir distintas olas de avivamiento. Vino la ola de Dios de la renovación, la ola de restauración, de limpieza y santidad, de prosperidad y Palabra de Dios, de liberación, de unción y milagros. Muchos la recibieron, otros solo se quedaron a un costado criticando y juzgando. Cada ola desataba una mayor revelación y una unción y frescura muy especial para su pueblo.

¡Cuántas veces hemos visto que aquellos que criticaron en sus comienzos un mover de Dios, luego arrepentidos tuvieron que reconocer que algo especial derramaba el Espíritu de Dios! Son tiempos en que Dios trata con su iglesia, tiempos en que se producen muchos cambios.

El espíritu de religiosidad siempre está juzgando y criticando, definiendo sus propios conceptos en una actitud muchas veces hostil y poco espiritual: «Los demás están equivocados».

El Señor quiere que seamos abiertos al Espíritu Santo y que le digamos:

«Señor, haz lo que tengas que hacer y de la manera que quieres hacerlo».

A veces queremos que el Señor se mueva dentro de los parámetros y de los principios que nosotros queremos. Cuando Dios empieza a obrar en tu vida, es muy probable que las cosas no queden iguales.

9. LOS QUE VIVEN UN ESTILO DE VIDA DOMINADO POR LA APARIENCIA.

La apariencia y la hipocresía van de la mano. Es fingir algo que en realidad no somos.

Jesús les reprochó duramente a los fariseos este tipo de actitudes. En Mateo 23:13 se dice: *«Mas, ¡ay de vosotros, escribas y fariseos, hipócritas! Porque cerráis el reino de los cielos delante de los hombres; pues ni entráis vosotros, ni dejáis entrar a los que están entrando.*

¡Ay de vosotros, escribas y fariseos, hipócritas! porque devoráis las casas de las viudas, y como pretexto hacéis largas oraciones; por esto recibiréis mayor condenación».

¡Ay de los hipócritas! El hipócrita es un buen actor.

¿Alguna vez has sentido que estabas «actuando», que lo que hacías no era genuino y real? ¡Eso es hipocresía! Incluso dentro de la iglesia existe la tendencia «carnal y humana» a ser hipócritas. Jesús la denunció. Hay muchos que el domingo tienen una careta, y de lunes a sábado, otra.

En la iglesia se comportan como ángeles, y en la casa, como demonios.

En la iglesia hablan de pureza, en lo secreto en casa ven pornografía, impureza sexual. Sufren enormes batallas en la mente y las emociones.

Hablan de la lealtad y traicionan a su cónyuge.

Hablan de fidelidad y por detrás hablan mal de su líder.

Se escapan a ver funciones y películas pornográficas, tienen chistes que se van de los límites de lo santo, de lo que podría escucharse.

Existen dos tipos de hipócritas:

- Los que van mucho a la iglesia, pero en su corazón e intimidad viven otra realidad.
- Los que no van a la iglesia, pero se consideran a sí mismos cristianos justos y comprometidos.

Los que no van a la iglesia son aquellos que dicen que no necesitan congregarse para encontrar a Dios. Con una vez al mes está bien. Fríos e indiferentes, se conforman y justifican que en casa también pueden buscar a Dios. Estos son los que dicen: «Yo me sujeto a Dios y no al hombre».

Después están los «otros» hipócritas, los que van a la iglesia. Son los que no se pierden un culto, pero están amargados, son críticos de todo, todo les disgusta. Siempre tienen un punto que objetar.

Jesús tuvo otra actitud. No estuvo amargado, sino que siempre mantuvo un corazón sano. A pesar de que lo rechazaron, de que no lo reconocieron, lavó los pies de sus discípulos, demostrando que estaba sirviéndolos por amor.

No estamos en la iglesia para que los demás nos sirvan, sino que estamos para servir.

Podemos hacer de todo en la iglesia, podemos ir a todas las actividades, pero si no tenemos el espíritu correcto, de nada sirve.

Hoy puedes pedirle a Dios que todo lo que está mal, lo que no sirve, sea lavado de tu corazón.

Si algo te ha influido para mal, es hora de buscar a Dios.

Tiempo de cambio, de arrepentimiento, de lavarnos delante de Él. Su amor y su misericordia van a sostenernos.

Recuerda que el Señor está en contra de ese espíritu de «falsa religiosidad», de apariencia, de autojustificación. Está en contra de la hipocresía en la iglesia, en contra de la deslealtad, de la traición, en contra de la infidelidad, en contra de la impureza sexual, en contra de los malos pensamientos.

Cuando hay algo impuro, incorrecto que surge en nuestro corazón, al instante tendríamos que sentir vergüenza y pedirle perdón al Señor.

Muchos fariseos no se convirtieron, no nacieron de nuevo, no cambiaron de actitud.

Sin embargo, otros, como Saulo de Tarso, fariseo de fariseos, tuvieron un encuentro con Jesús. Si nos arrepentimos, el Señor tiene misericordia de nosotros.

Que nuestro deseo sea ser como Jesús: genuinos, transparentes, sinceros, llenos de amor. Que podamos ser siempre iguales, en la iglesia y en la casa. Que podamos quebrar nuestro yo, para hacer la voluntad del Señor. Que podamos pedirle a Dios que nos saque toda actitud obstinada.

La obstinación nos lleva al error, y el error al fracaso, al poco fruto, a la falta de objetivos cumplidos.

Si has mirado algo que está mal, si te has rozado con el filo de la desobediencia, si estás en comunión con alguien que no te bendice, el Señor te alerta y te dice que es el tiempo de cambiar. ¡Deja ya de aparentar!

CAPÍTULO 10

TRANSFORMADOS POR SU PODER

*«Y a aquel que es poderoso para guardaros sin caída,
y presentaros sin mancha delante de su gloria
con gran alegría ...»*

(Judas 24)

DICEN LOS CIENTÍFICOS Y ASTRÓNOMOS QUE EL MOMEN-
TO del día en el cual se detecta la mayor oscuridad es justo
un instante antes del amanecer. Este hecho que ocurre a diario en la naturaleza muchas veces encuentra un paralelismo
en situaciones que a muchas personas les ha tocado vivir.

Cuando nos acercamos a la promesa y estamos a un paso
de lograrlo, es cuando en ocasiones nos encontramos con
los desafíos más grandes de nuestra vida. Algunos quizás a
tu alrededor quieran verte fracasar en el intento de asir
aquello que Dios te prometió. El enemigo quisiera hacerte
caer para que no se cumplan el plan y el propósito de Dios
en tu vida. Pero ante a todas esas amenazas que debemos
enfrentar se levanta frente a nosotros una promesa poderosa. ¡Hay alguien a tu lado que es poderoso para guardarte,
de tal manera, que no caigas!

Aunque debas enfrentar el más hostil de los ataques del
enemigo en contra tuya, recuerda que hay alguien que es
poderoso para socorrerte justo a tiempo. Hebreos 2:18 dice:

«Pues en cuanto él mismo padeció siendo tentado, es podero-
so para socorrer a los que son tentados».

El autor del libro de Hebreos menciona aquí lo que Jesús
tuvo que soportar. En ocasiones tenemos una imagen de un
Dios ajeno, frió y cruel con aquellos que sufren y son tentados por placeres, pecados y debilidades de su propia
carne. Sin embargo, Jesús padeció en su vida las mismas tentaciones que debemos enfrentar nosotros. La clave es que él
venció con poder y autoridad al maligno, y el maligno no lo
pudo tocar. Es allí donde podemos despertar a una maravillosa esperanza para nuestras vidas, esperanza descrita en
este mismo pasaje. El mismo poder que actúa y actuó en
Jesús, ahora está a nuestra disposición, pues él es poderoso
para socorrernos en toda tentación.

Es allí donde comenzamos a entender el porqué la
Palabra de Dios nos enseña que Jesús es el Salvador. El significado, la imagen de «el Salvador» nos habla de alguien
que nos rescata y nos ayuda. Cuán difícil habrá sido la situación para Naamán en esta sexta zambullida. Estaba solamente a un paso de cumplir con el mandato que le había
dado el profeta. Sin embargo, aunque la lucha interior era
grande, y dudas, temores y expectativas comenzaban a surgir dentro de él, Naamán sabía que solo un milagro podía
cambiar su situación. Solo Dios es quien puede socorrernos
y ayudarnos en esos momentos clave para nuestra vida.

En la Traducción de la Biblia Lenguaje Actual, este texto
dice de la siguiente forma: *«Y como él mismo sufrió y el dia-*
blo le puso trampas para hacerlo pecar, ahora cuando el dia-
blo nos pone trampas, Jesús puede ayudarnos a todos».

¡Qué promesa tan maravillosa!

Cuando el enemigo quiera ponerte una trampa para
hacerte pecar, puedes clamar a Jesús para que él te ayude.

Muchos cristianos no entienden y no comprenden la importancia de lo que representa caer en pecado. ¿Porqué es tan importante que no caigas en pecado?

¿Se trata de una mera religiosidad, de un peso, una exigencia, una imposición sobre el ser humano?

Jesús dijo: *«De cierto, de cierto os digo, que todo aquel que hace pecado, esclavo es del pecado»* (Juan 8:34).

Cuando la persona peca, es decir cuando transgrede la ley de Dios, sea por debilidad, por tentación, sabiéndolo o no, acarrea sobre su vida consecuencias. Lamentablemente aun en el aspecto espiritual, nada bueno trae a la vida de aquel que practica el pecado.

Por ello, el apóstol Pablo escribió: *«¿No sabéis que si os sometéis a alguien como esclavos para obedecerle, sois esclavos de aquel a quien obedecéis, sea del pecado para muerte, o sea de la obediencia para justicia»* (Romanos 6:16)

En otras palabras, es justamente a través de la práctica del pecado donde el enemigo tiene derechos que le ha otorgado la misma persona que lo practica. Cuántos hay que quizás en lo secreto siguen esclavizados a prácticas y conductas que ofenden a Dios. O cuántos, que han logrado avanzar en sus vidas y crecer y desarrollarse, y han llegado a estar a punto de una gran victoria, y el enemigo los quiere derribar, hacer caer, volver a esclavizar. ¡No lo permitas! ¡Hay poder y autoridad en el nombre de Jesús!

Esta ha sido lamentablemente la historia de un joven que había experimentado el poder de Dios en su vida de una forma maravillosa, pero luego el enemigo volvió a enredarle en sus propias debilidades haciéndole caer en la tentación. Aquellos que experimentan el poder de Dios en sus vidas, no pueden negarlo. Pero, por alguna razón o debilidad, muchas veces vuelven hacia atrás.

Cuán difícil es reconocer nuestra debilidad y buscar ayuda a tiempo antes de que sea demasiado tarde y de que las consecuencias lo destruyan todo. Para algunos, ese paso de quebranto y de humillación es demasiado. Dejan que las circunstancias sigan su curso hasta destruirlo todo. Aquí no solo se trata de haber experimentado el poder de Dios alguna vez, sino de llegar hasta el final. Muchos son los que comienzan a correr la carrera, sin embargo solo son coronados aquellos que llegan a la meta, que alcanzan el final. Jesús dijo: «*Al que venciere le daré la corona de vida ...*»

Se trata de quién es el que vence. El apóstol Pedro lo expresa de la siguiente forma: « ...*Porque el que es vencido por alguno es hecho esclavo del que lo venció*» (2 Pedro 2:19).

En ti están el poder y la decisión de ser esclavo de la muerte, de la derrota, de la enfermedad y de la maldición; o ser esclavo de la vida, de la bendición, de la abundancia, de las promesas de Dios. El que viene a Cristo halla libertad de la condenación de la muerte eterna. Jesús es la fuente de tu victoria y santidad. Vivir en santidad significa vivir una vida rendida en las manos de nuestro Señor y Salvador. ¡Cuánto dolor podemos evitar en nuestras vidas si aprendemos a obedecerle a él!

JESÚS PAGÓ EL PRECIO DE TU SANTIDAD, VENCIENDO AL PECADO CON SU AMOR Y PODER

En la antigüedad, las mujeres que elegía el rey eran previamente apartadas y llevadas a un sector especial del palacio donde se les preparaba para el día en que el rey dispusiera unirse a ellas. A veces pasaban meses en los cuales se les daban todo tipo de baños con perfumes y cremas para que estuvieran listas para ese momento tan especial en que iban a encontrarse con el rey. Esta preparación podemos compararla con nuestra unión espiritual con Jesús.

El término santificación tiene su raíz en guardarse, en cuidarse, en esperar la venida del Rey, en estar preparados para poder estar delante de él con vestiduras limpias.

Esto es lo que vemos reflejado en el pasaje de Efesios 5:25-27, donde leemos: «*Maridos, amad a vuestras mujeres, así como Cristo amó a la iglesia, y se entregó a sí mismo por ella, para santificarla, habiéndola purificado en el lavamiento del agua por la palabra, a fin de presentársela a sí mismo, una iglesia gloriosa, que no tuviese mancha ni arruga ni cosa semejante, sino que fuese santa y sin mancha*».

Estos versículos dejan claramente establecida la naturaleza de lo que Dios busca en la iglesia. Por eso Cristo se entregó, derramando su sangre en la cruz, para que la iglesia fuese santa, purificada, gloriosa, sin mancha ni arruga ni cosa semejante. En otras palabras, todo lo que podría contaminar, dañar, estropear, manchar y ensuciar a la iglesia, ¡Jesús ya pagó el precio de su santificación! ¡Él nos hizo libres de todo peso de pecado!

Dios no desea que sigas cargando la mochila de tu lepra espiritual.

Naamán estaba enfermo, en su piel se veían las manchas de la enfermedad que todo lo destruía a su paso. Su naturaleza carnal se estaba corrompiendo y lo estaba destruyendo en vida. Esto mismo sucede con aquellos que en su corazón dan lugar a actitudes y pecados que los corrompen y contaminan. Tienen vida, pero su «carne» los está destruyendo.

Dios quiere ayudarte, igual que hizo con Naamán. Pese a que este estaba enfermo, tuvo misericordia de él.

Sin embargo, es importante entender que la gracia y la

misericordia de Dios, manifestadas a tu vida como cristiano, no incluyen una licencia para pecar, ni tampoco una exención para vivir una conducta no santa. Es importante tener en cuenta que en esta preparación previa a la eminente llegada de Jesús en búsqueda de su iglesia gloriosa, santa y sin mancha, como Rey y Señor, como el Esposo que va en búsqueda de su esposa, hay requisitos.

Quizás, mientras lees estas líneas el Espíritu de Dios te está hablando y te das cuenta de que, aunque dices ser cristiano, te congregas en una iglesia, lees su palabra y te consideras bueno a ti mismo, muy en lo secreto, en lo íntimo, sigues esclavizado a algún pecado a alguna actitud que te está destruyendo y marcando. Estás a un paso de una enorme victoria, pero es necesario que determines en tu vida el cambio. ¡Apártate del pecado! ¡Suelta ese vicio que te está consumiendo!

Si quieres experimentar en una mayor medida el poder de Dios en tu vida, es necesario que determines una actitud diferente, que demanda de una preparación en tu corazón.

Esto podremos entenderlo mejor a través de lo que Pablo nos dice: «*También os rogamos, hermanos, que amonestéis a los ociosos, que alentéis a los de poco ánimo, que sostengáis a los débiles, que seáis pacientes para con todos. Mirad que ninguno pague a otro mal por mal; antes seguid siempre lo bueno unos para con otros, y para con todos. Estad siempre gozosos. Orad sin cesar. Dad gracias en todo, porque esta es la voluntad de Dios para con vosotros en Cristo Jesús. No apaguéis al Espíritu. No menospreciéis las profecías. Examinadlo todo; retened lo bueno. Absteneos de toda especie de mal. Y el mismo Dios de paz os santifique por completo; y todo vuestro ser, espíritu, alma y cuerpo, sea guardado irreprensible para la venida de nuestro Señor Jesucristo. Fiel es el que os llama, el cual también lo hará»* (1 Tesalonicenses 5:14-24).

Este pasaje nos habla justamente de la preparación que se requiere de nosotros para el encuentro con el Rey de reyes. Uno de los aspectos relevantes del texto que acabamos de leer, y que tiene una muy estrecha vinculación con la santidad es *«No apaguéis al Espíritu»*. Pablo usa aquí una comparación con el fuego que no debe apagarse. ¿Por qué?

El fuego, símbolo del poder de Dios, ejemplifica lo que sucede cuando alguien está expuesto a él. En la antigüedad y aún hoy en día, numerosos instrumentos que utilizan los médicos y cirujanos son desinfectados pasándolos por el fuego, por altas temperaturas. Existen muchos procesos aplicados a la medicina que para lograr una perfecta asepsia, obtienen esta a través de la exposición de dichos elementos al fuego. Allí el fuego actúa como un elemento de purificación.

Es tiempo de sacar las impurezas de tu corazón

El poder de Dios es mencionado en la palabra como un símbolo de purificación a través del fuego. Dios quiere eliminar las impurezas, lo que te contamina, desea quitarlas por completo de tu corazón. Son aquellas cosas que te oprimen y maldicen para que no puedas vivir en plena libertad. El pecado es como aquella bacteria o virus que contamina el bisturí de un cirujano imprudente que no limpió debidamente sus instrumentos quirúrgicos. Cuando un instrumento que utiliza el cirujano está contaminado, y él lo utiliza de todos modos en una operación, contagia, infecta la herida de la persona a la cual está operando, pudiendo transformarse en un cuadro de alto riesgo, llevándolo a consecuencias nefastas, que hasta pueden afectar su vida, ocasionándole la muerte.

Otro ejemplo del poder del fuego purificador lo hallamos en la misma palabra de Dios como ejemplo en el proceso que se realiza con el oro. El fuego purifica exponiendo las impurezas y aleaciones de otros minerales que contaminan el oro. Es decir, en el proceso de purificación del oro se utiliza el poder del fuego para afinar y limpiar el oro y la plata. En su estado más puro, sin ninguna aleación ni contaminación, es sumamente blando. Junto con aleaciones de otros minerales se transforma en un metal de mayor dureza y resistencia. De la misma manera podemos ver que el pecado en nuestras vidas es lo que contamina el corazón y lo endurece. En Ezequiel 11:19-21, el profeta, inspirado por el Espíritu Santo, nos dice: «*Y les daré un corazón, y un espíritu nuevo pondré dentro de ellos; y quitaré el corazón de piedra de en medio de su carne, y les daré un corazón de carne, para que anden en mis ordenanzas, y guarden mis decretos y los cumplan, y me sean por pueblo, y yo sea a ellos por Dios. Mas a aquellos cuyo corazón anda tras el deseo de sus idolatrías y de sus abominaciones, yo traigo su camino sobre sus propias cabezas, dice Jehová el Señor*».

El Señor viene para dividir, para purificar toda contaminación que le hemos agregado a nuestro estado original de pureza. El estado de pureza es el corazón limpio. Jesús dice que antes de su venida se presentará como aquel que afina, aquel que pasa al oro por fuego y separa la contaminación de lo puro: «*He aquí, yo envío mi mensajero, el cual preparará el camino delante de mí; y vendrá súbitamente a su templo el Señor a quien vosotros buscáis, y el ángel del pacto, a quien deseáis vosotros. He aquí viene, ha dicho Jehová de los ejércitos. ¿Y quién podrá soportar el tiempo de su venida? ¿O quién podrá estar en pie cuando él se manifieste? Porque él es como fuego purificador, y como jabón de lavadores. Y se sentará para afinar y limpiar la plata; porque limpiará a los hijos de Leví, los afinará como a oro y como a plata, y traerán a Jehová ofrenda en justicia»* (Malaquías 3:1-3).

Este mensaje nos habla de Jesús, de la venida del Señor, de los últimos tiempos. El profeta hablaba de que iba a venir el Mesías, enviado de parte de Dios al templo para purificarlo. ¿A quién o qué simboliza el templo?

En la primera carta que le dirige Pablo a la iglesia de Corinto, en el capítulo 3, versículos16-17 y 6:19-20, leemos: *«¿No sabéis que sois templo de Dios, y que el Espíritu de Dios mora en vosotros? Si alguno destruyere el templo de Dios, Dios le destruirá a él; porque el templo de Dios, el cual sois vosotros, santo es». Y otra vez dice (...) «¿O ignoráis que vuestro cuerpo es templo del Espíritu Santo, el cual está en vosotros, el cual tenéis de Dios, y que no sois vuestros? Porque habéis sido comprados por precio; glorificad, pues, a Dios en vuestro cuerpo y en vuestro espíritu, los cuales son de Dios».*

¡Tú eres templo del Dios viviente, y él viene a purificarte por completo y a prepararte para la venida del Señor!

Pronto llegará ese día glorioso en que la novia, que ahora recibe perfumes del Espíritu Santo, que es lavada, purificada, se una a Cristo para siempre. El simbolismo que hallamos en la Palabra de Dios establece un principio de suma importancia: Jesús quiere purificar tu vida como si fuera oro, porque busca llevarte a la pureza original, a los sentimientos y a la religión pura, a una santificación completa. Ese proceso duele, pero es él quien quiere revelarte el verdadero estado de tu corazón.

EL PODER DE DIOS MANIFESTARÁ EN TU VIDA EL CORAZÓN PURO O UNA VIDA LLENA DE APARIENCIAS

Es bien conocido que existen diferentes categorías de oro. Habitualmente escuchamos hablar de oro de 14 quilates, de 18, o de 24, cada una de estas categorías está determinando su grado de pureza y por ende su valor. Cuanta mayor pureza, mayor valor.

Pero también podemos encontrar hoy en día lo que llamamos «enchapado» en oro, el cual tiene la apariencia del oro, brilla, pero con brillo no duradero. Este oro es solamente una fina capa superficial que recubre a otro metal mucho más barato.

Podemos compararlo con aquellos que tienen apariencia de cristianos, pero no lo son en esencia. El noventa por ciento es contaminación y el diez restante, oro. Son aquellos que se oxidan y se corrompen fácilmente con el pecado, ya que no son genuinos, sino que viven en una vida donde aparentan ser auténticos, pero en realidad no lo son. En 2 Timoteo 3:5 se expresa así: «...que tendrán apariencia de piedad, pero negarán la eficacia de ella; a éstos evita».

Parece oro, pero no lo es. Es bello, tiene buen aspecto, su color es idéntico, pero su valor es escaso, no es genuino, no es puro, apenas es un «enchapado».

En Argentina los jóvenes utilizan una frase muy conocida para referirse a este tipo de personas que viven una vida de apariencia diciendo: «Este es un careta ...»

La «careta» o máscara era utilizada en el antiguo teatro griego para poder representar a diferentes personajes. No se conocía la verdadera imagen, identidad, el rostro y aspecto del actor, dado que se ocultaba detrás de esa máscara.

Lamentablemente podemos ver hoy en día que algunos

cristianos han adoptado esto como un estilo de vida. Por fuera parecen algo, pero por dentro son otra cosa totalmente diferente.

Es tiempo de que te quites la máscara, de que dejes de aparentar. Dios quiere hacer de ti un cristiano genuino; él no te ha llamado a aparentar algo que en realidad no eres.

¿CÓMO SABEMOS SI LO QUE HAY EN NUESTRA VIDA ES GENUINO?

Cuando experimentas el poder de Dios en tu vida saldrá lo que en realidad hay dentro de ti. El fuego sacará a la luz y revelará lo que hay realmente. En un horno a altas temperaturas es donde comienza el proceso de purificación del oro. Lo primero que sucede es que el oro se derrite, o se funde, pasando del estado sólido al líquido. Allí, con el calor del horno y en estado líquido, de fundición, se separan las impurezas, la contaminación. El níquel, el cinc y algunos otros componentes que se hallan entremezclados con el oro, al ser más pesados, se depositan en la base del horno. Y las impurezas que son más livianas flotan en la superficie. De esta forma, fácilmente se pueden sacar las impurezas hasta lograr un alto grado de pureza. El apóstol Pedro toma este ejemplo cuando dice: «*En lo cual vosotros os alegráis, aunque ahora por un poco de tiempo, si es necesario, tengáis que ser afligidos en diversas pruebas, para que sometida a prueba vuestra fe, mucho mas preciosa que el oro, el cual aunque perecedero se prueba con fuego, sea hallada en alabanza, gloria y honra cuando sea manifestado Jesucristo*» (1 Pedro 1:6-7).

Así es purificado el oro, y así es puesta a prueba nuestra fe. ¡Así es purificada nuestra fe!

La prueba, es decir los problemas, las dificultades, los desafíos, etc. son mencionados aquí como instrumentos de fuego que traen purificación a nuestra vida. En la traducción de la Biblia Lenguaje Actual lo menciona así: *«Por eso, alégrense, aunque sea necesario que por algún tiempo tengan muchos problemas y dificultades ...».*

¿Qué clase de concepto tenían Pedro y los primeros cristianos, que podían alegrarse aun en medio de los problemas y dificultades?

Ellos conocían al Señor, eran conscientes de su poder y fidelidad, y de que lo único que Dios demandaba de ellos era que mantuvieran su fe intacta aun en medio de las circunstancias más adversas. ¿Es posible esto? Sí, si tu vida está totalmente rendida en las manos de Dios. Sí, si buscas lo genuino y verdadero y tu fe y esperanza están puestas en Dios. En este claro ejemplo puedes ver que el fuego es el elemento que permite que el oro sea purificado, eliminando las impurezas y aleaciones no deseadas.

Tú y yo debemos entender que Dios envía su fuego para purificar nuestras vidas y quitar todo aquello que no sirve, que no es genuino.

Muchas veces, reniegas, estás disconforme con tu familia, tu suegra te hace la vida imposible, tu jefe te maltrata en el trabajo, las circunstancias adversas que te rodean te amargan, te sientes frustrado, angustiado y aun muchas veces estás triste y piensas... «¿Dónde está el oasis de la bendición?»

¿Sabías que estás pasando por el fuego de la prueba? ¿Sabías que Dios te está purificando?

Date cuenta de que esas situaciones las permite el Señor en tu vida porque te está limpiando. Está sacando a la luz las impurezas de tu corazón para que seas libre, limpio y santo. Deberías preguntarte y evaluar sinceramente tu vida: ¿Qué clase de aleaciones hay en mí? ¿En qué clase de yugos me hallo atrapado, que me impiden ser puro, genuino, santo?

Recuerda el testimonio de aquella joven pareja que finalmente murió consumida por el SIDA. ¿Es que Dios fue malvado con ellos? Claro que no. Al contrario, les dio una nueva oportunidad.

Hay quienes aceptan esas oportunidades y quienes las desperdician. Están demasiado dolidos con lo que han tenido que soportar. Ahí comenzarás a darte cuenta de que los mayores problemas que sufren las personas son los rencores, la falta de perdón, la amargura... ¡Es tiempo de cambiar! Tu decisión debe ser otra.

¡Basta ya del dolor! ¡Basta ya de una vida cristiana a medias! Es tiempo de sacar las aleaciones que te contaminan. ¡Dios quiere transformar tu corazón con su poder!

Pablo nos enseña que no debemos pagar mal por mal. El Señor separa lo genuino, lo blando, lo maleable, de lo que no es genuino y se ha endurecido.

¿Somos o no somos verdaderos cristianos?

Claramente podemos leer en Malaquías la intención de Dios de purificar y limpiar el corazón de su pueblo: «*Porque él es como fuego purificador, y como jabón de lavadores. Y se sentará para afinar y limpiar la plata; porque limpiará a los hijos de Leví, los afinará como a oro y como a plata, y traerán a Jehová ofrenda en justicia*». (Malaquías 3:3)

Recuerdo el testimonio de un grupo de jóvenes que al experimentar el poder de Dios en sus vidas, sintieron la necesidad de consagrar su corazón por completo al Señor.

Había situaciones en su vida que habían empañado la visión de lo que Dios tenía preparado para ellos:

«Mientras estábamos orando, sentí que el poder de Dios me cubría, y repentinamente mis ojos espirituales fueron abiertos y pude darme cuenta que el Señor me pedía que dejara mi egocentrismo, aquellas cosas que para mí son importantes pero que me apartan de Dios, de su palabra, de su propósito para mi vida. Sentí que el Espíritu Santo me decía que debía ocuparme de aquellas cosas que para él son importantes, aquello que está en su corazón. Entendí que no somos nuestros dueños, sino siervos de Cristo. Él desea lavarnos y limpiarnos de toda contaminación, porque estamos en esta tierra para hacer su voluntad, para obedecerle y servirle con gozo y alegría.

Al levantarme del lugar donde estaba orando, pude sentir en mi corazón que algo había cambiado. Veía y sentía las cosas de otra manera, como si una venda hubiese sido quitada de mis ojos, permitiéndome ver realmente cuál era mi verdadera condición. Su poder me había tocado y comprendí que ya nunca más sería el mismo».

Colosenses 3:5-17 nos habla que debemos dejar morir el viejo hombre, el enojo, la mentira, las palabras deshonestas. Cien por ciento consagrado al Rey de la gloria, esa es la voluntad de Dios para tu vida. Él te ha apartado no porque tú seas mejor o superior a los demás, sino porque te ha elegido para que lo conozcas, para que lo ames. Si hay algo en tu corazón a lo que todavía no has renunciado, ha llegado el momento de hacerlo. De lo contrario, aunque te cueste admitirlo, sigues todavía siendo un esclavo del pecado porque Dios te llamó a ser libre. Ten cuidado ... ¡tu vida espiritual está en riesgo!

¡Renuncia al egoísmo, a los deseos de venganza, a la competitividad, a la carnalidad, a los celos, a prácticas y formas de vida del mundo, al fracaso, a lo que te impide ser cien por ciento puro!

¿Qué clase de joya eres? El poder del fuego purificador va a sacar a la luz tu vida, si lo que eres es un simple «enchapado superficial» o si realmente eres oro puro y genuino.

NO ENDUREZCAS TU CORAZÓN

La apariencia es nuestro peor enemigo, como ya vimos en el capítulo anterior. Cuando vivimos en la apariencia siempre tratamos de agradar a los demás y nos esforzamos para parecer lo que en realidad no somos. Esa no es la religión pura. La religión pura es la que nos lleva a ser irreprensibles. Y eso significa sin mancha, sin error, sin fractura, sin división, sin doblez.

Vivir en la apariencia endurece nuestro corazón hacia la Palabra de Dios, a su consejo, a su exhortación, de tal manera que podemos creernos que lo sabemos todo, que somos los únicos que estamos bien y que no necesitamos el consejo de los demás.

El espíritu de egoísmo y de orgullo es el principio de la caída. Ese es el espíritu que tenía Saúl. Al ser desechado como rey, lo primero que pensó fue en su prestigio personal delante de los ancianos y del pueblo de Israel, mientras que David se humilló y dijo: «*Crea en mí, oh Dios, un corazón limpio, y renueva un espíritu recto dentro de mí, no me eches de delante de ti*» (Salmo 51:10).

Saúl estaba más preocupado por su posición, por lo que pensarían los demás, por su reputación ante los hombres. David, en cambio, estaba más preocupado por su relación con Dios, por la actitud de su corazón.

Cuando te detienes y piensas en lo que es la santidad y lo que Dios te pide, ¿qué es lo que más te preocupa? Tú determinas en tu corazón la clase de persona que serás.

Es necesario que te atrevas y que te quites la máscara que cubre tu verdadera condición. Debemos volver a recuperar los valores éticos, morales y espirituales que transforman las vidas y engrandecen a una nación. No vivas pendiente de lo que piensan los demás de ti, sino de lo que piensa Dios de ti. Muchas veces la realidad de lo que se ve por fuera no tiene nada que ver con el valor que hay por dentro. Recuerda que el Señor mira tu corazón.

Dios le dijo al profeta Samuel: *«No mires a su parecer, ni a lo grande de su estatura, porque yo lo desecho; porque Jehová no mira lo que mira el hombre; pues el hombre mira lo que está delante de sus ojos, pero Jehová mira el corazón»* (1 Samuel 16:7).

CONSULTA A DIOS, NO TE DEJES ENGAÑAR

El mayor peligro que enfrentamos es cuando te engañas a ti mismo y llegas a creer la mentira que le has vendido a los demás. Por eso Pablo le advirtió a Timoteo: *«Ten cuidado de ti mismo»* (1 Timoteo 4:16).

La Biblia nos relata varias situaciones en las cuales el engaño produjo verdaderos estragos. Una de esas historias es la de los gabaonitas, que astutamente engañaron a Josué. Los gabaonitas —una nación próxima a ser destruida, como ya lo había sido Jericó— se valieron de esta astucia: *«Pues fueron y se fingieron embajadores, y tomaron sacos viejos sobre sus asnos, y cueros viejos de vino, rotos y remendados, y zapatos viejos sobre sí; y todo el pan que traían para el camino era seco y mohoso. Y vinieron a Josué al campamen-*

to en Gilgal, y le dijeron a él y a los de Israel: Nosotros veni-mos de tierra muy lejana; haced, pues, ahora alianza con nosotros» (Josué 9:4-6). Josué no los reconoció y, sin consul-tar a Dios, aceptó la alianza. Después de tres días se dio cuenta de que ellos no eran extranjeros, sino que eran los próximos en ser conquistados. Astutamente mintieron y engañaron incluso al hombre escogido por Dios para pose-er la tierra prometida.

¿Cómo es que Josué cayó en esta trampa?

En primer lugar, en reiteradas oportunidades Dios le había advertido al pueblo de Israel que no hiciera alianza con otras naciones y pueblos, pero ellos ignoraron dicha advertencia.

¿Qué clase de alianzas haces en tu corazón? ¿Qué es lo que te fascina y envuelve?

En ocasiones, sin darte cuenta, haces alianza con el ene-migo. ¿Cómo?

Quizás sea la música mundana que te atrapa, los videos prohibidos, la pornografía, los malos pensamientos, los vicios ... y la lista continúa. Quizás puedan ser aun cosas muy pequeñas e insignificantes, pero que echan a perder el fruto de tu vida. *«Las pequeñas zorras son las que echan a perder las viñas»* (Cantares 2:15).

No hablamos de pecados horrendos, pero qué hay del mal trato, de maldecir a los demás, de insultar, de los celos, de la envidia, de un carácter violento y amargo que hiere a los demás ... ya es hora de que te des cuenta de que hay alianzas que haces en tu vida, que si no las eliminas, te destruirán.

En segundo lugar, Josué «No consultó a Dios». En len-guaje moderno diríamos: «Se mandó por las suyas». La his-toria de la humanidad está plagada de hechos y acontecimientos que revelan que el enemigo opera engañando y destruyendo vidas, familias, matrimonios y hasta naciones completas.

No consultar a Dios implica una actitud interna de autosuficiencia, de independencia, de confiar en nuestras propias capacidades. ¡Cuidado, no te engañes, Dios es el que marca la diferencia en tu vida!

Es interesante observar que en lo que se refiere a las personas, a su vida privada, a su intimidad, la mayor desilusión y dolor se producen principalmente en el área sentimental, cuando la persona sufre un desengaño. ¡Qué dolor cuando descubres que has sido engañado!

Por ello Dios nos exhorta en 2 Corintios 6:14 a no unirnos en yugo desigual con los incrédulos, porque no tenemos nada en común con ellos.

Lamentablemente, hemos visto algunos casos en que cuando alguien se casa con un incrédulo porque no espera en Dios, al terminar la ceremonia de casamiento la otra persona se saca la máscara y comienza a mostrar quién es realmente. Entonces es cuando muchos se dan cuenta de que en realidad es como un gabaonita con el cual se ha hecho alianza.

Cuánto dolor, sufrimiento, desilusiones, frustraciones, tristeza y llanto podrían haberse evitado o impedido si simplemente se hubiera esperado al tiempo de Dios. Allí comienzan las prohibiciones de ir a la iglesia, de escuchar canciones cristianas, de leer la Biblia, los reproches, el maltrato, las discusiones, acusaciones y muchos otros problemas más.

Vuelvo a decirlo: el problema de Josué fue que no consultó a Dios y, por lo tanto, fue engañado. ¡Cuidado con las sutilezas del enemigo! El diablo enviará mensajeros que querrán poner lazos a tu vida; pero el Señor te dice que *«él te librará del lazo del cazador»* (Salmo 91:3)

Si uno habla con un cazador, con alguien que practica la caza de aves o de alguna otra clase de animales, podrá escuchar el relato de diferentes estrategias que utilizan para atrapar a sus presas. En ocasiones el cazador se pone plumas, se esconde, o inclusive se viste de arbusto para atrapar a su presa.

Hay alguien que anda como león rugiente buscando a quién devorar. Es el cazador de nuestras almas, que ha venido a hurtar, matar y destruir. Es el enemigo, Satanás, el diablo, que junto a sus huestes espirituales de maldad trata de disfrazarse y planea toda clase de estrategias, maquinaciones para destruir tu vida e impedir que seas bendecido y prosperado. En 2 Corintios 2:11 leemos: *«Para que Satanás no gane ventaja alguna sobre nosotros; pues no ignoramos sus maquinaciones».*

El enemigo logra atrapar a los débiles, a los que quedan a la retaguardia, a los distraídos, a los que no han tomado en cuenta seriamente las advertencias de la Palabra de Dios.

Quizás tú juegas con el pecado, ves hasta dónde puedes avanzar sin caer por completo... Déjame advertirte algo: el diablo no está jugando contigo, él tiene un plan y una estrategia, su fin es destruir tu vida, tu familia, tu corazón, tu fe y esperanza, tus valores éticos, morales y espirituales. Él quiere denigrarte y arrastrarte a la derrota.

El diablo cada vez actúa en formas más sutiles, tratando de captar tu atención; por eso es tiempo de que te abstengas de todo mal y de que tus «antenas espirituales» sean cada vez mayores y estén bien sintonizadas con la voluntad de Dios. Sé sensible a la voz del Señor, escucha lo que te dice su Palabra. Él te llama, te advierte, te habla.

El enemigo no podrá destruirte por más buen cazador que sea, si habitas al abrigo del Altísimo y moras bajo la sombra del Omnipotente. El enemigo no podrá destruirte si encuentras refugio en la presencia de Dios y haces su voluntad.

La decisión es tuya, ¿qué vas a hacer?

EN LA PRESENCIA DE DIOS HALLAMOS PLENITUD

Debemos entender que las delicias de la presencia de Dios son hermosas y necesarias. Son para nosotros hoy, como dice el Salmo 16:11: *«En tu presencia hay plenitud de gozo; delicias a tu diestra para siempre».*

El anhelo de nuestra alma tiene que ser que nuestro corazón brame por las corrientes de las aguas. Como decía el salmista: *«Como el ciervo brama por las corrientes de las aguas, así clama por ti, oh Dios, el alma mía. Mi alma tiene sed de Dios, del Dios vivo...»* (Salmo 42:1-2).

La Biblia describe claramente las características de aquel que subirá al monte de Jehová, al lugar santo: *«El limpio de manos y puro de corazón; el que no ha elevado su alma a cosas vanas, ni jurado con engaño»* (Salmo 24:4). No creamos que si vivimos una vida desordenada, hipócrita, rebelde, vamos a tener acceso a la presencia de Dios. Él quiere limpiarte y sanarte de toda herida, para que puedas estar completamente libre para servirle de todo corazón.

Muchos buscan lo sobrenatural, la manifestación, el poder, el milagro. ¡Dios tiene poder, él quiere hacer un prodigio en tu vida, desea manifestarse a ti para que tú puedas entrar en su presencia! Pero, ¡cuidado! Él no está negociando la santidad que demanda de ti. Déjame reiterarte lo que dijo Jesús en Mateo 7:21-23: *«No todo el que me dice: Señor, Señor, entrará en el reino de los cielos, sino el que hace la voluntad de mi Padre que está en los cielos. Muchos me dirán en aquel día: Señor, Señor, ¿no profetizamos en tu nombre, y en tu nombre echamos fuera demonios, y en tu nombre hicimos muchos milagros? Y entonces les declararé: Nunca os conocí; apartaos de mí, hacedores de maldad».*

En Cristo estamos completos y hallamos la victoria sobre toda estrategia del enemigo.

¿Recuerdas cuando los discípulos regresaban felices, asombrados, por lo que Dios hacía por medio de sus vidas cada vez que actuaban en el nombre de Jesús?

«Y [Jesús] les dijo: Yo veía a Satanás caer del cielo como un rayo. He aquí os doy potestad de hollar serpientes y escorpiones, y sobre toda fuerza del enemigo, y nada os dañará. Pero no os regocijéis de que los espíritus se os sujetan, sino regocijaos de que vuestros nombres están escritos en los cielos» (Lucas 10:18-20).

Él se ha revelado a tu vida y te ha dado poder y autoridad para que seas libre para servirle ... pero nuestro verdadero gozo está en que él nos ha salvado de esta perversa generación. Ha tenido misericordia de nosotros. Debes soltar el pecado, rendirte por completo a él, y las cadenas de esclavitud que ataban tu vida te soltarán.

SU PODER TE HA HECHO LIBRE PARA SERVIR A DIOS

Cuando el Señor vio la opresión del pueblo de Israel y el dolor y la carga que tenían, habló con Moisés y dijo: *«Levántate de mañana, y ponte delante de Faraón, y dile: Jehová, el Dios de los hebreos, dice así: Deja ir a mi pueblo, para que me sirva»* (Éxodo 9:13). Esta expresión *«deja ir a mi pueblo para que me sirva»* nos describe el propósito por el cuál somos libres: para servir a Dios.

Jesucristo vino hace dos mil años para darte libertad, derramó su sangre para librarte de la opresión. El Señor quiere que te transformes en un siervo, en un verdadero instrumento para el cual Dios ha derramado la sangre de su Hijo, para hacerte verdaderamente libre. Él quiere despertar en tu corazón una gran admiración por Él, para que lo ames, lo honres y lo sirvas.

Sírvele con un corazón limpio, puro, santo. Que el pecado no contamine tu alma, espíritu y cuerpo. Él te ha dado la victoria para que lo sirvas con gozo y alegría.

PREPÁRATE PARA IR AL ENCUENTRO CON TU SEÑOR

Dios quiere que la iglesia regrese a los caminos antiguos, a la religión pura, a la verdad. Esto no significa que debemos andar con túnicas largas, vivir en el desierto, aislarnos en un convento, etc. No, él no tiene en mente la tradición de la aparente religiosidad.

Lo que Jesús transmitía era vida abundante. Vivir una vida cristiana en plenitud en medio de la sociedad en la cual Dios nos ha puesto. Ser ejemplo, testimonios vivos del poder y del amor de Dios, sabiendo que el Señor puede venir en cualquier momento.

Pablo entendía la urgencia e importancia de lo que significa el regreso de Jesucristo, el arrebatamiento de su iglesia, y entonces envió una serie de cartas como telegramas urgentes, frases inspiradas por Dios que le advertían a la iglesia que se preparara antes de que volviera Cristo.

Ahí nos exhorta a velar y orar, porque no sabemos ni el día ni la hora en que Cristo vendrá. El regreso de Jesús será en un abrir y cerrar de ojos, donde los que estamos aquí seremos arrebatados y nos uniremos a aquellos que nos precedieron y murieron en Cristo Jesús. Vamos a encontrarnos con el Rey de gloria y estaremos en las bodas del Cordero, disfrutando de la presencia del Señor por los siglos de los siglos (1 Corintios 15:51-58; 1 Tesalonicenses 4:13-18; 5:1-11). Él va a ser el centro de toda adoración.

Sin embargo, la iglesia debe prepararse para ese glorioso día. No puedes permanecer con tus vestiduras manchadas, la lepra tiene que sanar ... no puedes seguir esclavizado y a la vez pretender vivir en la libertad que Cristo te ha dado. O eres libre, o no lo eres, o estás sano de la lepra que quiso consumirte o la lepra aún continúa allí. Todavía Naamán no había completado el plan de Dios, estaba obedeciendo, iba rumbo hacia la conquista del milagro, pero la lepra seguía allí.

Quizás, querido amigo que estás leyendo estas palabras, te sientes de esta misma forma. Anhelas la santidad, la pureza, la libertad, pero todavía te miras y ves que los rastros de la lepra continúan ahí. Solo cuando le obedeces, y el hambre y la sed de conocerle más te consumen, te envuelven y animan, es cuando el Señor te da las fuerzas que necesitas para que en tu propia vida puedas alcanzar la séptima zambullida y encontrarte con él.

¡CUIDADO!, LA IGNORANCIA O LA LIVIANDAD PUEDEN DESTRUIRTE

Algunos han tomado las palabras de Jesús acerca de su venida para reírse y burlarse de él. En realidad, desconocen lo que la Biblia dice y nos advierte. Su corazón duro e incrédulo los ha llevado a cuestionar su propia fe.

Muchos cristianos han dejado que el fuego de Dios se apague en sus lámparas. No son pocos los que hoy se burlan aún del enemigo, del diablo, del infierno. Son meras especulaciones y fantasías, aseveran. En realidad, no saben el peligro que corren y que el enemigo más peligroso es aquel que se ignora. Satanás es un especialista en permanecer en lo oculto. Pero es hora de que abras los ojos y veas lo que te pasa. Con mucho dolor y asombro he oído a ciertas personas decir: «El día que me muera prefiero ir al infierno, pues allí habrá fiesta, habrá mucha gente, allí lo pasaremos muy bien …». La Palabra de Dios nos advierte duramente al respecto. Dios quiere salvar a la humanidad, él no desea que nadie se pierda, sino que todos procedan al arrepentimiento. Pero él también nos ha dado la facultad de decidir y escoger, ¡la decisión está en ti!

La Biblia jamás ha intentado demostrar la existencia o veracidad del regreso de Jesús, del enemigo, del cielo o aun del mismo infierno. Lo da por sentado, como un hecho, como una realidad.

Muchos se ríen de ello, algunos dicen: «El infierno en realidad es un lugar de felicidad, de hacer lo que uno quiera, de risas, de libertad, de fiesta ... será un lugar fantástico ...» Ignoran por completo lo que dice la Palabra de Dios. No hay fiesta, no hay risa s, no hay libertad, es un lugar de lloro, tristeza, dolor, sufrimiento eterno.

La Biblia dice que es un lugar horrendo. ¿Es que Dios quiere que tú vayas allí? ¡De ninguna manera!

Él quiere salvarte, el único camino es Jesucristo, la única opción es la santidad.

Dios te ha llamado a que seas libre, a que cortes en tu vida con el pecado, a que ya no juegues más a ser cristiano, tapando lados oscuros de tu vida, siendo hipócrita, dando lugar a la falsedad.

Dios pone en ti el espíritu de quebrantamiento. Si has

ofendido a alguien, mentido, engañado o estafado, arrepiéntete, pide perdón y renuncia ahora mismo a esa actitud en tu vida.

El profeta Isaías describe lo que acontece cuando nos arrepentimos: «*Venid luego, dice Jehová, y estemos a cuenta: si vuestros pecados fueren como la grana, como la nieve serán emblanquecidos; si fueren rojos como el carmesí, vendrán a ser como blanca lana*» *(1:18).* Dios es luz y no hay tinieblas en él. Si confiesas tu pecado, él es fiel y justo para perdonar tu pecado y limpiarte de toda maldad. Abre tu corazón para que él lo llene todo.

El propósito de Dios es que alcances la plena y absoluta lealtad y victoria en tu corazón, y que seas un instrumento en sus manos. Los instrumentos con los que el cirujano realiza las operaciones quirúrgicas tienen que estar permanentemente asépticos, limpios, en una bandeja especial. El cirujano nunca va a aceptar ningún instrumento que se haya caído al suelo y que se haya contaminado con gérmenes de toda clase.

El Señor quiere guardarte del mal, guardarte de la caída, para que estés siempre limpio para servirle. Tú debes guardarte para servirlo, para poder predicar de su Palabra con autoridad, para poder llegar a ser un instrumento en sus manos y estar preparado para cuando él venga. Cuida tu corazón, Jesús viene pronto, él quiere transformar tu vida con su poder.

Naamán salió del agua ... la lepra continuaba allí. Él quería ser limpio, por eso obedecía. Esta solo era la sexta zambullida, ahora se acercaba la última, la de la gran promesa.

ES UNA BUENA OPORTUNIDAD DE QUE EXAMINES TU CORAZÓN....

- ¿Estás bajo la influencia de un «espíritu de religiosidad»?
- ¿Te consumen las apariencias, el poder, el reconocimiento?
- ¿Hay hipocresía en tu forma de actuar, de proceder con los demás, aun de servir al Señor?
- ¿Cuál es tu verdadera motivación?
- Aunque te llamas cristiano, ¿sigues siendo esclavo de pecados y actitudes que ofenden a Dios?
- ¿Hay mezclas en tu vida donde por fuera todo parece estar bien, pero por dentro hay pudrición?

«Señor Jesús, te pido perdón por mis motivaciones equivocadas. Perdona toda hipocresía, toda apariencia que me envolvía. Ya no quiero tener la razón siempre yo. Quiero que tú seas el primero en mi vida. Enséñame a ser un cristiano genuino, quiero servir a los demás así como Cristo me ha dado el ejemplo. Saca de mi vida todo "espíritu de religiosidad", quiero ser genuino y verdadero.

Dame un corazón compasivo, quebrantado, humilde ... no quites de mí tu Santo Espíritu y enséñame a amarte cada día más».

Séptima Zambullida

¡QUEDA LIMPIO!

Me imagino el rostro de Naamán al saber que esta era la séptima y última zambullida. ¿Cuántos obstáculos tuvo que sortear? Su corazón latía agitadamente. ¿Habrá sido una locura todo este proceso? ¿Habría sido solo fruto de su imaginación?

En pocos segundos más se develaría el gran secreto.

Su persistencia le permitió llegar hasta el final. ¡Esta, realmente era la última! Atrás quedaban las angustias de poder encontrar a alguien que le diera un camino de esperanza. Atrás quedaban el viaje y las preocupaciones...

Atrás quedaban su enojo y la perturbación de su alma. Atrás quedaban todo su dolor e impotencia frente a la fuerza destructiva que ejercía la lepra. Su fe fue probada, su paciencia, su templanza ... su obediencia.

Ven y sumérgete en esta séptima zambullida....

CAPÍTULO

11

MANTÉN TU ALTAR ENCENDIDO CADA DÍA

«Así que, hermanos, os ruego por las misericordias de Dios, que presentéis vuestros cuerpos en sacrificio vivo, santo, agradable a Dios, que es vuestro culto racional. No os conforméis a este siglo, sino transformaos por medio de la renovación de vuestro entendimiento, para que comprobéis cuál sea la buena voluntad de Dios, agradable y perfecta».

(Romanos 12:1-2)

EL LLAMADO MÁS IMPORTANTE DE DIOS ES BUSCARLO A ÉL cada día. El pasaje de Romanos 12:1-2 nos habla de una transformación diaria, que nos lleva a la voluntad de Dios buena, agradable y perfecta.

Naamán no lo sabía, pero Dios pudo usar aun una situación crítica como la lepra, para revelarse a su vida. Este hombre, cuyo testimonio y prestigio impactó a muchos, estaba enfermo. Su mayor necesidad no radicaba solamente en el hecho de su sanidad física, exterior. Dios quería revelarse a su alma. Su interior también necesitaba ser sanado.

El viaje, las circunstancias adversas, el trato del profeta Eliseo, todo fue usado por Dios para llevarlo al punto sublime de estar preparado para recibir el gran milagro.

Naamán pertenecía a un pueblo pagano, idólatra. Pero Dios vio algo diferente en su corazón. Su sensibilidad y sencillez al escuchar incluso la voz de una joven sierva, denotan el carácter y temperamento de este varón al cuál Dios amó. Había muchos altares en su nación, pero él tenía que conocer y construir un altar al único Dios vivo de toda la creación.

Recuerdo que en cierta ocasión, después de varios años me reencontré con un viejo amigo, un amado pastor con el cual me puse a conversar animadamente. Le conté todo lo que hacíamos, cuánto había crecido la iglesia, los proyectos y planes que teníamos, etc. Sin embargo, en vez de felicitarme y decirme: «¡Claudio, qué bueno es ver todo lo que el Señor te ha dado!», se limitó a hacerme una pregunta que estremeció mi alma: «Claudio, ¿cuánto tiempo dedicas a oír la voz del Espíritu Santo?» Casi me atraganto...

Continuó ... «Has crecido mucho y la iglesia está hermosa, pero hay algo que no estás haciendo bien. El Espíritu Santo quiere hablarte y no tienes tiempo para escucharlo».

Debemos aceptar cuando alguien espiritual viene con una palabra de Dios, o cuando el Señor mismo nos habla por medio de las Escrituras. Yo siempre había mantenido con regularidad mi vida de oración, y me preparaba espiritualmente para cada una de las tareas que debía de realizar, pero había un nivel de comunión con el Espíritu Santo que nunca había explorado. Durante años fui profesor de Teología, y enseñaba la materia «Espíritu Santo», sus nombres, sus atributos. De repente, de ser una materia se presento ante mí como una persona viva ... pensaba que mi altar estaba encendido cuando apenas estaba comenzando a arder ... por primera vez iba a comenzar a experimentar la realidad de una comunión íntima con el Espíritu Santo. ¡Qué glorioso y maravilloso es estar en su presencia!

Cuántos libros y enseñanzas hemos dado, cuántas prédicas hemos hecho, pero ¿cuánto de todo ello vivimos?

Dios está buscando que le construyamos en nuestro corazón un altar.

En el Antiguo Testamento este mismo principio se ve reflejado en lo que debía significar para el pueblo de Israel el altar. El altar era el lugar del sacrificio, donde se desarrollaba parte del culto que Dios mismo había establecido.

El primer sacrificio ofrecido en el altar del templo no necesitó de la mano del hombre para encender el fuego. Dios mismo lo hizo. El fuego descendió sobre aquel holocausto agradable al Señor. Sin embargo, a partir de aquel día, los sacerdotes tenían la responsabilidad de que el fuego del altar ardiera continuamente. Nunca debía apagarse.

De la misma manera, el día en que Dios tocó tu corazón y tomaste conciencia de tu verdadera condición de pecador, fue el Espíritu Santo quien trajo la convicción de pecado, justicia y juicio a tu vida, te llevó a un profundo arrepentimiento y a reconocer tu necesidad de perdón. Fue allí donde recibiste a Jesús como aquel que ya pagó el precio de tus pecados, pues se ofreció a sí mismo en rescate por ti en la cruz.

A causa del pecado del hombre, este no podía llegar a la presencia de Dios sin antes pasar por el altar, donde se entregaba una ofrenda de justificación. El altar simbolizaba el lugar de entrega, de quebranto, de renunciamiento; pero también el lugar de encuentro con Dios, de pureza, de santidad, el lugar donde él nos habla y nos revela su plan y su propósito.

El altar es un lugar donde tú determinas el antes y el después. En nuestra iglesia y en innumerables cruzadas y reuniones donde Dios me ha permitido ministrar, hemos escuchado tremendos testimonios de cristianos que estaban heridos y derrotados en su vida espiritual, que han sido restaurados y sanados al abrir sus corazones a la plenitud del Espíritu Santo y al restaurar el altar de Dios en sus vidas.

Naamán no lo sabía, pero cada una de las circunstancias adversas por las que atravesó producía un quebranto en su corazón. Su vida se ponía sobre el altar de Dios.

En 2 Reyes 5:14 leemos: «*Él entonces descendió, y se zambulló siete veces en el Jordán, conforme a la palabra del varón de Dios; y su carne se volvió como la carne de un niño, y quedó limpio*».

¡Quedó limpio! Tú puedes quedar limpio hoy.

Si Dios ha tratado contigo, ahora comprendes que toda esa adversidad, todos aquellos problemas, incluso la enfermedad y el dolor que te afligían, te llevan a un mayor quebranto, a conocer más a Dios. Entonces estás entrando y saliendo de la séptima zambullida.

Cuando Naamán miró su carne no había rastro alguno de la lepra. ¡Toda se había ido!

Seis intentos y nada sucedió, pero en el séptimo Dios se glorificó.

Sus palabras en el versículo siguiente fueron: «*He aquí ahora conozco que no hay Dios en toda la tierra, sino en Israel*».

Este hombre tuvo un encuentro con el Dios vivo. Pudo decir: «¡Ahora lo conozco!»

¿Conoces tú al Dios de Israel?

¿Has tenido alguna vez un encuentro genuino con el Señor, un encuentro que marcara y transformara tu vida?

Es en el altar de tu corazón donde Dios quiere revelarse

para manifestar su gloria y para que puedas ser limpio. Solo podemos alcanzar esa santidad en nuestras vidas cuando nos encontramos con él. Cuando Jesús se revela a tu vida. ¡Él es tu victoria, él es tu santidad!

Recuerdo el testimonio que un pastor de Texas, Estados Unidos, me escribió después de unas reuniones que celebramos, donde experimentó en su propia vida un poderoso encuentro con el Espíritu Santo:

> *No sé cómo comenzar a contar todo lo que el Señor ha hecho en las últimas semanas. Pero lo puedo describir en una sola palabra: ¡Impresionante! La unción fresca del Espíritu Santo ha quedado aquí en mi vida y en la de los pastores que trabajan conmigo. El domingo siguiente, cuando oraba, fue muy diferente a lo habitual: Dios estaba allí, manifestando su poder y su gloria. La gente caía bajo el toque del Espíritu Santo, y era renovada y transformada por su presencia ... Y en otra iglesia donde tuve que predicar por la noche sucedió lo mismo, e incluso, de forma más impresionante; muchos quedaban mirando asombrados.*

¡El fuego está ardiendo! ¡El Espíritu Santo está obrando en forma poderosa!

Cuán tremenda habrá sido la experiencia que Naamán tuvo con Dios. Su vida cambió por completo. No solo por el milagro que recibió, sino por el encuentro que tuvo con Dios. Ahora ¡lo conocía!

¿Conoces tú ese poder?

¿Has tenido ese encuentro con Dios en tu vida?

No descuides el fuego del altar

¡Qué gozo tan inmenso! ¡Qué alegría indescriptible! El milagro sucedió ...

Ahora conocía ... sabía ... lo había vivido ...

¿Cuántos cristianos que un día conocieron, vivieron, experimentaron el poder de Dios en sus vidas, se hallan hoy con sus altares derrumbados y sin fuego?

La Palabra de Dios nos habla de volver al primer amor, de no apagar el espíritu, de no apagar el fuego. Claramente nos indica que en el altar, el fuego puede apagarse.

Esta es la razón por la que debemos cuidar el altar cada día, y mantener encendida la llama del fuego.

En el Antiguo Testamento los sacerdotes eran los encargados del altar; por lo tanto, tenían la responsabilidad de mantener el fuego encendido.

En este tiempo, nosotros somos los encargados de vigilar y velar por nuestra propia vida. Nadie es más responsable que tú de todas las cosas que te suceden. Tú eres el sacerdote que debe mantener la llama del espíritu encendida en el altar de tu vida.

Muchas veces queremos buscar algún tercero para echarle la culpa de nuestra frialdad o tibieza, pero lo cierto es que Dios nos ha llamado a guardar y cuidar nuestro propio altar.

No te escudes detrás de las excusas, de la falta de determinación y compromiso genuino y verdadero en tu vida.

¡El fuego se apaga si tú lo permites!

Multitud de cristianos que en otro momento eran fervientes, comprometidos, genuinos, han permitido que la crítica, la murmuración, el amor al mundo, las pasiones, la carnalidad, socaven su fe, su entereza y su amor, y esto los ha llevado a la frivolidad de una vida religiosa, de apariencias, donde ya no hay fuego ni pasión.

Naamán debió vencer todos estos obstáculos. Pero con la ayuda del Señor, lo logró.

En la antigüedad los judíos se acercaban al altar para sacrificar animales. Era la expiación por los pecados, por las faltas, por la maldad. En nuestros días el Señor ya no busca sacrificios de sangre, sino sacrificios que le sean vivos y agradables.

Él quiere que antes de salir a hacer la labor de cada día, al levantarte, al abrir tus ojos, entiendas que tu mayor responsabilidad está con Dios.

¡Cuidar el altar es tu deber! Este debe arder continuamente y no apagarse nunca.

El mayor desafío no es encender el fuego, sino mantenerlo encendido.

El enemigo querrá destruir la llama de la fe y la esperanza que arde en tu corazón. ¡No se lo permitas!

En lo natural, todo fuego que no se cuida tiende a apagarse. Y las cosas que suceden en lo natural, suceden también en lo espiritual. Si prendes una fogata, por muy encendido que se vea el fuego al comienzo, si no lo cuidas, con el paso del tiempo tenderá a apagarse. En las cosas espirituales sucede exactamente lo mismo. Es por eso por lo que no debes descuidar tu altar.

El problema que tienen muchos es que cuando están pasando por pruebas o se sienten mal por alguna situación, lo primero que hacen es dejar de lado la oración, la lectura de la Biblia, el concurrir a la casa del Señor; cuando en realidad Jesús hizo todo lo contrario. En su peor momento de agonía oró más que nunca. Su peor momento fue su mejor momento espiritual, y hasta pudo decir en medio del dolor: «Que no sea hecha mi voluntad, sino la tuya».

UNA ACCIÓN DIARIA DE PRESENTARTE ANTE DIOS

Pablo nos enseña, que para nuestro bien, es necesario que por la misericordia de Dios nos acerquemos cada día a él y ofrezcamos nuestra vida en adoración, alabanza y consagración.

Hay ciertos principios que no debes olvidar, por eso el apóstol hizo hincapié en que por la misericordia de Dios te acerques cada día a Dios.

Es una decisión, una acción consciente de decirle sí a Dios y saber que eso implica ser consagrado, santificado, entregado.

Naamán tuvo que pagar un precio por su sanidad. No fue dinero, sino su corazón.

Es pagar el costo de vivir en un mundo que va contramano con respecto a las cosas espirituales, a las verdades de Dios.

Consagración es la acción diaria de presentarse a Dios.

Estar ante el Señor cada día es como estar expuesto a la radiación. Esta radiación es santa, pura, divina y va contagiando, impartiendo, afectando tu vida. A medida que estés más tiempo con Dios, tu naturaleza carnal va menguando y tu naturaleza espiritual va creciendo.

La atmósfera espiritual en la que vives, te desenvuelves e influye en ti, afectará tu vida, te llevará a una mayor comunión, santificación, y a una vida llena del fuego de Dios.

Quizás Naamán no lo entendía, pero cada zambullida representaba un paso de obediencia a Dios, que lo acercaba más y más a la victoria, a la revelación de su milagro.

¿Actuarías como lo hizo Naamán?

Con humildad, obediencia, transparencia, persistencia ... ¿o darías lugar a la mediocridad, la frialdad y el bajo nivel espiritual?

La santificación viene de Dios. Él es el que te santifica, pero tú tienes que ir al altar, zambullirte en su presencia, buscar su rostro, tener más hambre de él.

Dios no va a santificarte si quieres hacer tu propia voluntad, llevar una vida egoísta, egocéntrica. La santificación se produce en un lugar específico, llamado altar. El lugar de entrega, de rendición, de consagración, de darle todo al Señor.

Este lugar es donde tú decides caminar con Dios durante todo el día, es un lugar de decisiones, donde renuncias al pecado, a la mentira, al doble sentido, al enojo, a la crítica. El altar es el lugar donde Dios quiere hablarte y cambiarte.

Durante cuarenta años Moisés creyó que era alguien. Y ese hombre que era sabio e instruido en Egipto, terminó siendo un hombre que casi no podía hablar, quebrantado al máximo. En el momento en que parecía que sus fuerzas ya cedían, Dios se le apareció. El Señor lo quería totalmente en sus manos, rendido a él, enteramente consagrado. Dios trató primero con Moisés, lo llevó a un profundo quebrantamiento, le enseñó a depender de él.

Cuando caminamos con Dios, muchas veces pasa lo mismo.

Durante años vivimos de cierta manera, y después Dios nos lleva a otra etapa donde sentimos que no servimos para nada más. Esos son los momentos en que nos humillamos delante de él, en que viene el fuego de la presencia de Dios y entendemos quién es Jesús, y quiénes somos nosotros en él. Entonces tus proyectos ya no son los tuyos, sino los de él, y tu único anhelo es conocer más del Señor y hacer su voluntad.

NO LE ECHEMOS LA CULPA A LOS DEMÁS

Cuán fácil es para nosotros culpar a los demás de nuestros propios errores y fracasos. Queremos trasladar nuestra responsabilidad a los demás. Pero Dios nos confronta con su Palabra porque nos ama y quiere rescatarnos de todo plan perverso del enemigo. No mires más lo que hacen los demás. En esta séptima zambullida Naamán declaraba que no le importaba lo que pudieran haber pensado u opinado los demás. Decidió ir en pos de aquello que Dios tenía para él. Su esperanza estaba puesta en la palabra que había recibido a través del profeta. Tomó una decisión y alcanzó la promesa.

¡Decide tú hoy alcanzar las promesas de Dios para tu vida!

Uno de los pecados de la iglesia de estos días es el de la iglesia de Laodicea. Al recorrer la Argentina, y diferentes naciones del mundo entero donde Dios se está moviendo con avivamiento, y oigo a los pastores y líderes contentos y conformes con lo que Dios está haciendo, me preocupo. El espíritu de indiferencia y conformidad que reina en muchos lugares es preocupante. La falta de compromiso ha ocasionado que muchos, queden a mitad de camino y no alcancen las promesas de Dios en su total plenitud. Sería como si en la historia de Naamán leyéramos que se entregó antes de cumplir las siete zambullidas. O como aquel cristiano, que una vez que ya ha experimentado el poder de Dios, se olvida y entra en una meseta espiritual donde pierde de vista lo que está aconteciendo a su alrededor. Hasta encontramos buenos justificativos para poder explicar los desiertos espirituales por los que muchas veces hemos tenido que atravesar.

Dios le dice a la iglesia de Laodicea que era tibia y que por ello la vomitaría. ¿Por qué era tibia? Porque aquella iglesia decía de sí misma: *«Soy rica y de ninguna cosa tengo necesidad».*

Mas Dios dice de ella: *«Te veo pobre, ciega, desnuda ...»* ¡Qué visiones tan diferentes!

Pregúntate por un instante: ¿Qué ve Dios en tu vida? ¿Estás sano? ¿Has experimentado el poder de Dios?

La iglesia decía: «¡Yo me veo bien!» Pero Dios tuvo que responderle: «¡Yo te veo mal!» Creo que este es el tiempo en que Dios nos confronta con nuestra realidad. No nos sintamos satisfechos, ni les echemos la culpa a los demás, no perdamos el hambre y la sed de Dios. El conformismo, la apatía espiritual, el estancamiento, etc., ¡desarráigalos de tu vida! ¡No tienen lugar en ti!

Sentirnos conformes equivale a ser tibios. Es como si Naamán se hubiese conformado con su lepra, sabiendo que esta lo estaba condenando a una muerte segura. Ya es hora de que hagas algo, de que tomes una decisión, de que busques intensamente la presencia de Dios. Pero no te quedes sin hacer nada por cambiar. ¡Él no actuó así! Naamán luchó y se esforzó hasta alcanzar la séptima zambullida, por lo que tuvo un profundo encuentro con Dios, que marcaría su vida por completo. Dios quiere que lo busquemos más, y él nos dará más. Y, ¿sabes una cosa? ... «¡Yo quiero más!»

Naamán experimentó el poder de Dios. ¡Estaba sano!

Esto significa algo importante: «No puedes recibir aquello que ya te ha sido dado». No sigas orando pidiendo un poder y una presencia que ya están en ti. Muchos cristianos creen que tiene que venir algo nuevo de fuera a sus vidas, para que empiecen a funcionar bien. Pero si son verdaderos creyentes y han experimentado el poder de Dios en sus vidas, ya lo tienen todo. Tu fe tiene que ser reactivada, debes comenzar a entregarte por completo, sin guardarte nada, en las manos del Señor. ¡Derrámate! ¡Quebrántate en la presencia de Dios! Y lo que ya está en ti, comenzará a expandirse y a derramarse en tu vida y en los que están a tu alrededor, llenando el lugar del perfume de Jesús.

Solo recuerda una cosa muy importante: «¡Búscalo cada vez más a él!» Es decir, una vez que ya hayas experimentado su poder y gloria, come de la Palabra de Vida y practica la comunión con el Espíritu Santo. Mantén la llama encendida en tu corazón. No tardará en llegar el día en que observes la obra del Espíritu Santo en tu vida, operando gloriosamente a través de ti, y podrás exclamar con todo tu corazón: «¡Esto es impresionante, Señor!»

CONSAGRADO CON PROPÓSITO

Fuiste consagrado con un propósito, fuiste consagrado para estar cerca de Dios. El libro de Números 16:9 nos revela la intención para la cual fuimos apartados: *«¿Os es poco que el Dios de Israel os haya apartado de la congregación de Israel, acercándoos a él para que ministréis en el servicio del tabernáculo de Jehová, y estéis delante de la congregación para ministrarles?»*

Hay una generación que Dios está levantando en estos días que entiende el privilegio de lo que es ser consagrado, separado; que no se mezcla con el mundo, porque quiere estar cerca de él. Sabemos que las tinieblas y la luz no tienen comunión. No podemos procurar la excelencia de Dios, la dulzura de su manjar, y vivir sin consagración.

Consagración es apartarme, es decidir no mezclarme, es ser diferente. Cuando permaneces cada día en el altar, experimentas que tu corazón se ve afectado únicamente por lo que proviene de Dios, y aprendes a rechazar todo lo que no te edifica.

Puedes estar metido en medio del peor trabajo, o de los peores compañeros de estudio; en medio de la peor familia ... pero en tu corazón te cierras a todo lo que te afecta para mal, porque te abres a todo lo que es de Dios. Oyes un montón de cosas, pero no te afectan, porque te dejas influir por la gloria y por el Espíritu de Dios.

Tú tienes una palabra: Dios te dijo: «Zambúllete siete veces y serás limpio».

Naamán le creyó a Dios y no solo obtuvo la sanidad, sino la revelación de Dios para su vida.

TIENES EL PRIVILEGIO DE LLEVAR EL ARCA DE DIOS

Naamán ahora conocía a Dios y daba testimonio de su gran amor y poder. Él es el único Dios verdadero ... el Dios de Israel.

Uno de los hijos que tuvo Jacob, padre de las doce tribus de Israel, fue Leví.

Los levitas —descendientes de Leví— tenían una condición muy particular: eran los que no recibían herencia en tierra, sino que su función era cuidar el templo, el fuego, el altar de Dios. Eran de la raíz y de la genealogía de los sacerdotes. El libro de Deuteronomio, en el capítulo 10, versículos 8-9, nos lo describe: «*En aquel tiempo apartó Jehová la tribu de Leví para que llevase el arca del pacto de Jehová, para que estuviese delante de Jehová para servirle, y para bendecir en su nombre, hasta hoy, por lo cual Leví no tuvo parte ni heredad contra sus hermanos; Jehová es su heredad, como Jehová tu Dios le dijo».*

Tú eres un levita. Los levitas eran los que estaban consagrados, los que no recibieron herencia terrenal, pero que sí recibieron algo mucho más importante y especial: el privilegio de llevar el arca de Dios.

El arca representa la presencia de Dios. Tú eres el que lleva el arca. Eres el que lleva la presencia de Dios a tu casa, al trabajo, al estudio, a la iglesia ... Va contigo a todo lugar a donde vayas.

Por eso, los que te rodean, al verte no te entienden, te ven diferente, distinto, especial, no saben cómo describirlo: se trata de la presencia de Dios, que va contigo a todo lugar.

Tú puedes recibir y ver la gloria de Dios. La sanidad, el gozo, la victoria ... ¡qué glorioso!

Pero justamente es por eso que resulta tan pecaminoso cuando un cristiano juega con esa gloria, porque entonces se endurece y cae. ¡Qué triste es ver que la seducción lo atrapa, que se enreda en las cosas mundanas y permite que su corazón y su vida se contaminen nuevamente, llevándolo al mundo, a la mediocridad, a la tibieza y a la frialdad espiritual!

No naciste para ser «medio cristiano». Dios te escogió para que tu altar arda intensamente con el fuego de su presencia.

Los levitas eran una sombra de lo que íbamos a ser nosotros. Dios los apartó entre todo el pueblo, para darles un privilegio especial. Nosotros también hemos sido elegidos.

Has sido elegido para bendecir, para honrar a Dios, para ministrar, para elevar tus oraciones a Dios, para dar a conocer su presencia, para que el mundo sepa que hay un pueblo diferente.

Somos nosotros quienes decidimos hacer la diferencia.

Decide hoy no mezclarte y no abrirle tu corazón al espíritu del mundo.

Decide hoy apartarte de la seducción, de los engaños del placer temporal del pecado.

Decide hoy abrirle tu corazón a los placeres eternos y maravillosos del reino de Dios. Cristo es el Alfa y la Omega, el Principio y el Fin, el Dios eterno. Sus bendiciones te pertenecen.

¡Cuida lo que Dios te ha dado!

Si tienes el arca, tienes la bendición, tienes la presencia, tienes el respaldo de Dios.

No menosprecies la gloria. Mantén tu altar encendido cada día, que el fuego de Dios arda en tu corazón, y que esa llama encendida pueda servir de instrumento para encender a muchos otros.

Permite que el fuego de la presencia de Dios se irradie a través de tu rostro, de tus manos, de tus palabras y aun de tus pies. Para que todo lo que emprendas esté impregnado de la presencia del Alto y Sublime, de nuestro amado Señor Jesucristo.

Que puedas exclamar con todo tu corazón:

¡ESTOY LIMPIO PARA LA GLORIA DE DIOS!

Oremos:

«Señor Jesús, te doy gracias por la victoria que me has dado. Gracias porque por el sacrificio y el derramamiento de tu sangre en la cruz por mis pecados, ¡he sido limpiado!

Hoy te pido que me enseñes a permanecer y a vivir en la victoria que me has dado cada día. Que nunca jamás vuelva hacia atrás. Firmemente determino en mi corazón seguirte, amarte y servirte.

Que cada una de estas siete zambullidas puedan transformarse en una realidad viva en mi vida. Hoy te entrego las situaciones de mayor dolor y vergüenza.

Quiero restaurar el altar que estaba arruinado en mi vida. En esta «séptima zambullida» tu me limpias de toda lepra física (enfermedad), espiritual (pecado), y de mi alma y mi corazón. Te rindo hoy mi carácter para que lo transformes y moldees. Enséñame el camino por el cual debo andar y renueva un espíritu recto dentro de mí.

Toda fortaleza en mi mente, en mis sentimientos y emociones, es derribada en el nombre de Jesús.

Hoy, recibo la paz, el amor, el gozo y la felicidad de saber que soy tu hijo y que tú eres mi Padre celestial.

Tú tienes un plan y propósito para mi vida. ¡Cúmplelo Señor!

Quiero ser un testimonio vivo de tu poder. En esta séptima zambullida declaro por fe como lo hizo Naamán ... ¡Estoy limpio ... estoy limpio!

En el nombre de Jesús, ¡Amén!»

EPÍLOGO DE
SERGIO SCATAGLINI

El Reverendo Claudio Freidzon es el fundador y actual pastor de la Iglesia Rey de Reyes, de la Unión de las Asambleas de Dios, en Buenos Aires, República Argentina. Su pujante congregación, de más de quince mil miembros, se encuentra ubicada en el barrio de Belgrano. Freidzon cursó estudios teológicos en el Instituto Bíblico Río de la Plata, donde se graduó en 1977. Fue maestro de la Biblia en reconocidos seminarios. Realizó estudios de postgrado en el Instituto de Superación Ministerial (ISUM), donde se graduó como Licenciado en Teología. Obtuvo el grado de Doctorado en Filosofía Teológica en los Estados Unidos.

En 1986 fundó la Iglesia Rey de Reyes, desarrollando una visión multiplicadora a través de las células evangelísticas y los grupos de liderazgo, trabajando en la formación y capacitación de un discipulado eficaz.

En 1992 su búsqueda personal lo llevó a tener un profundo encuentro con el Espíritu Santo, que revolucionó su vida y ministerio. Miles de personas de todo el mundo fueron impactadas, y sus vidas y ministerios renovados por una unción fresca y poderosa. Es autor de los libros *Espíritu Santo, Tengo hambre de ti, Tesoro en vasos de barro* y *De gloria en gloria*.

A través de multitudinarias conferencias y cruzadas en todo el mundo, ha alcanzado hasta el presente a más de tres millones de personas. En todas partes donde ha predicado Claudio Freidzon, han quedado grandiosos testimonios de conversiones, milagros y de una profunda renovación espiritual. En este libro inspirador y desafiante Claudio Freidzon te llevará a confrontar aspectos y actitudes de tu carácter y persona, en los que se manifiestan tus debilidades. A través de la guía del Espíritu Santo te conducirá a recuperar los valores y a conocer los principios de pureza y santidad, establecidos en la Palabra de Dios. La historia de la vida de Naamán, general del ejército sirio en tiempos del profeta Eliseo, se abrirá ante ti: te revelará aspectos asombrosos y determinantes para que puedas alcanzar la victoria sobre cada una de las pruebas que debas enfrentar. El Señor te dará la victoria hasta que puedas exclamar: ¡estoy limpio!, sanado por su presencia.

Nos agradaría recibir noticias suyas.
Por favor, envíe sus comentarios sobre este libro
a la dirección que aparece a continuación.
Muchas gracias.

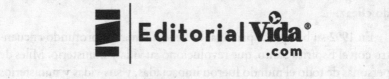

Editorial Vida
Vida@zondervan.com
www.editorialvida.com

Printed in the USA
CPSIA information can be obtained
at www.ICGtesting.com
LVHW030711050824
787165LV00011B/111